政党外交论丛 | 申险峰·主　编　徐　亮/邢新宇·副主编

欧洲一体化史

A History of European Integration

陈会颖◎著

时事出版社
北京

前　言

欧洲的历史是一部由合到分的历史。罗马帝国崩溃后，欧洲成为了一个分裂最严重、战争最多、动乱最频仍的地区。纷争的战火绵延千年，分裂的深度和广度，曾达到几乎使欧洲文明毁灭的程度。但维克多·雨果早在19世纪就曾预言："迟早有一天，这个大陆的所有国家会在不失去自己特性或个性的情况下，更加紧密地融合在一个高一级的整体里，建立情同手足的欧洲兄弟关系；迟早有一天，除了思想斗争，不会有任何其他战场；迟早有一天，子弹和炸弹会被选票所取代。"那么，曾经习惯以冲突和暴力方式解决生存危机和拓展生存空间的欧洲人是如何实现和解的？欧洲人为什么会从对抗走向融合？

应该说，比起亚洲、非洲等地区，欧洲确实是一个更具相对统一性的大陆。从欧洲之外的视角来看，欧洲人尽管有国别、族别之不同，却不失为一个有着显著统一性的、大同小异的人类集群。而作为资本主义文明的发源地和国际政治的重要舞台，欧洲曾在几个世纪的时间里处于主宰世界的中心地位。虽然两次世界大战从根本上改变了欧洲支配全球的格局，但二战结束后，西欧从最初的六国开始，通过部分让渡主权建立起超国家机构，经济上不断趋向联合，由此建立了经济一体化组织——欧洲共同体。由于各国政治家及政府的不懈努力，欧洲一体化在分歧与合作中不断前行，继而又发展为欧洲联盟，其领域也开始越出经济范畴，逐步带动社会和政治走向联合。战后几十年，欧洲一体化的发展改变了欧洲的面貌。欧洲国家的经济具有了更为广阔的市场，在政治上的合作更为密切，国家间的和平与稳定有了保障，一度在战后沦为超级大国附庸的欧洲各国作为一个整体成为了国际政治中一支重要力量。

厄恩斯特·哈斯将一体化定义为说服来自不同国家的政治行为体将其忠诚、期望和政治活动转向一个新的中心的过程。这个中心的组织机构拥有或要求掌握对已经存在的各民族国家的管辖权。卡尔·多伊奇则认为政治共同体是一个过程，它使一部分人在某一领土内得到一种足够强烈的共同体感、制度感和实践感，从而使居民形成一种长期可靠的和平变革预期。在欧洲一体化的发展道路上，文化上的同一性为其提供了强大的思想基础，而文化上的多样性又会给它造成诸多的障碍。此外，一体化过程中始终存在着国家主权和超国家权力的内在矛盾。所以，这必将是一个漫长、复杂、曲折的过程，这一过程将充满着政治、经济和文化上的激烈冲撞。但无论如何，欧洲一体化已经成为迄今一体化水平最高的实践。

本书聚焦二战后欧洲一体化的发展，内容分为两部分，上篇主要分析和探究欧洲一体化发生的背景和历史文化基础，旨在揭示一体化发展的动因；下篇主要是介绍和讨论一体化进程中所取得的成就、存在的问题以及面临的挑战，进而尝试总结一体化发展的规律和模式，目的是让读者更深刻理解欧盟在当今国际舞台上的地位和作用、在未来国际格局中的影响。

今后，欧洲一体化的进程能有多快？能够走多远？曾任欧盟副主席的布里坦说："欧洲联盟的实践是史无前例的，它未来的发展就像一次没有固定航标的远航，一次伟大的探险。"

目 录

上篇 背景

一、战后面临的严峻形势 …………………… (3)

二、美苏的作用与影响 ……………………… (11)

三、共同的文化和历史传统 ………………… (24)

四、思考、探索与尝试 ……………………… (34)

五、法国对德政策的转变 …………………… (53)

六、荷比卢经济联盟的示范 ………………… (65)

下篇 进程

一、煤钢共同体的诞生 ……………………… (75)

二、英国加入欧共体 ………………………… (103)

三、关税同盟和共同农业政策 ……………… (117)

四、建设统一大市场 ………………………… (126)

五、滞后的政治一体化 ……………………… (138)

六、欧盟东扩的成就与挑战 ………………… (147)

七、英国"脱欧"及其影响 ………………… (162)

上篇

背景

一、战后面临的严峻形势

二战前，英、法、德、意等欧洲国家都是国际舞台上的主要力量。经过第二次世界大战的较量和厮杀，有的国家战败了，有的国家衰落了。欧洲作为主战场，战争带来的破坏是普遍的。城市、乡村、工厂、道路因炮火的狂轰滥炸而遭受到空前破坏，全欧洲大陆工农业产量下降一半多，商业体系全部中断。战争虽然结束，但粮食、衣物、消费品都严重短缺，人民生活困苦不堪。整个欧洲就像一个庞大的难民收容所。在战争中，欧洲国民生产总值下降25%，欧洲在世界制造业总产量中所占的比重，低于19世纪初期以来的任何时期。

英国[①]在战胜国中与法西斯德国作战时间最长，但为赢得战争付出的代价却从根本上动摇了它的实力。六年的战争夺走了40多万英国人的生命，国民财富的1/4，约73亿英镑毁于战火。战争期间，为进口必要的武器装备，英国甚至被迫出卖了部分海外资产，海外投资收入较战前减少了一半。战时庞大的军费开支使财政状况严重恶化，战

---

① 陈乐民：《战后英国外交史》，世界知识出版社，1994年版，第22页。

争结束时，英国经济已濒于崩溃。不仅黄金外汇储备几乎消耗殆尽，还拖欠了根本无力偿还的巨额外债，从债权国沦为债务国。仅欠美国债务就高达210亿美元，甚至殖民地和自治领也成了英国的债主。工业生产能力也因战争的毁坏和技术装备陈旧而大大落后。主要出口创汇产业之一的纺织业，产量比战前减少了一半。对外贸易额的严重萎缩，使得国际收支逆差高达2亿多英镑。英镑在国际金融和贸易中的地位大大下降。

战争使英国丧失了海上霸主的地位。战前英国商船和军舰的总吨位名列世界第一，经过战争远远落后于美国。英美海军总吨位的比例由战前的120∶100变为150∶380。作为海岛国家对外贸易主要运输工具的商船，在战争中损失了600多万吨，战争结束时，其商船总吨位只及美国的1/3。不过作为殖民大国，战后英国仍控制着一个庞大的英联邦，保持着强大的军事力量以及在国际经济关系中的重要地位。这些确保了它的大国地位并发挥相应的大国作用。

法国[①]在二战中损失惨重，共计63万人死亡，600万人无家可归，1500万公顷土地荒芜。占领法国期间，法西斯德国掠夺了大量的黄金外汇储备及原料、设备，还对法国强行征收占领费。从初期的每天4亿法郎到1942年的每天5亿法郎。如此庞大的数额支出，全靠政府提高税收和银行预支，结果导致法国严重财政赤字和通货膨胀。1945年法国在资本主义国家中输出额所占比重不足1%，外汇储备枯竭，法郎贬值。工业方面的损失更为惨重。法

---

① 张锡昌：《战后法国外交史》，世界知识出版社，1993年版，第4页。

西斯德国的大规模掠夺造成法国工业生产急剧缩减,1944年的工业产量只及战前的30%。农业状况也同样悲惨,1943年法国农产品价值仅为1938年的60%。法西斯德国的占领隔绝了法国同欧洲各国及其殖民地的经济联系,这使战时法国的对外贸易严重恶化,1943年进口贸易只及1938年的30%,出口贸易也下降了近20%。总之,因战争破坏和法西斯德国的掠夺,共损失2万亿法郎的财富。到战争结束时,法国经济已疲弱不堪。法国的军事力量在战争中大大衰落。殖民统治也岌岌可危,殖民地人民纷纷开展反殖民统治、争取独立的斗争。

战时法国政府投降法西斯德国,同法西斯政权合作,国际声望一落千丈。虽然戴高乐领导下的抵抗运动组织积极参加了在意大利、法国和德国领土上的军事行动,以法共为核心的内地军在解放法国本土的战斗中也做出了重要贡献。但法国在战胜法西斯集团过程中所起的作用毕竟有限,只能算是名义上的战胜国。也因此,在推进反法西斯战争、做出战后安排的几次重要会议都没有法国参加。1945年4月,法国代表以大国身份受邀出席旧金山会议,但就实力而言已沦为了"三等国"。

德国、意大利这些法西斯战败国是发动战争的罪魁祸首,不仅给世界人民带来灾难,也为其自身带来毁灭。德国[1]战时的军费开支超过了所有交战的资本主义国家,六年中共达6220亿马克,占同期国家预算的92%,超过当

---

[1] [英] P. 阿姆斯特朗:《战后资本主义大繁荣的形成和破产》,中国社会科学出版社,1991年版,第9页。

时国民收入的15%。战争后期盟国的军事行动摧毁了德国的社会经济,1945年德国工业产量降至1860年的水平。战败后,德国的东部领土被划归波兰,其余国土被美苏英法分区占领,还要负担巨额的战争赔偿。盟国以没收或拆迁工厂设备方式索取战争赔款,使德国工业生产进一步下降。1946年的国民生产总值和国民收入不及1938年的1/3。对外贸易大幅下跌,到1947年,美英法占领的西德地区出口额在资本主义国家中只占0.7%,而1937年德国在资本主义国家中占9.1%。

意大利[①]的境遇较德国为好,但也饱尝战祸,整个半岛一片混乱,陷入严重危机。1945年,意大利的国民生产总值倒退到1911年的水平,与战前1938年相比实际下降40%,财政赤字超过4000亿里拉,与当时国内流通的货币数额相等。同时国债达1200亿里拉,实际工资下降到1913年的26.7%。作为战败国,意大利失去了侵略所夺取的一切权利和特权。而且,西北部意法疆界在四个地段做了有利于法国的调整;意南疆界做了有利于南斯拉夫的变动;的里雅斯特及其周围地区划为自由区;多德卡尼斯群岛划归希腊。经济上须向苏联赔偿1亿美元,向阿尔巴尼亚赔偿500万美元,向埃塞俄比亚赔偿2500万美元,向希腊赔偿1.05亿美元,向南斯拉夫赔偿1.25亿美元,七年内付清。

整个欧洲经济被庞大的战争开支拖垮了。正像法国学

---

① [英]阿诺德·托因比:《欧洲的重组》,上海译文出版社,1981年版,第714页。

者皮埃尔·热尔贝所说:"欧洲已成为一片废墟,战争给各国带来的破坏都是普遍性的,战胜国和战败国都一样。没有外援的话,他们想要重新站起来,甚至只想继续生存下去都是不可能的。"①

在衰败的同时,欧洲还面临着一个不可回避的且并未从根本上解决的问题——德国问题,汉斯·摩根索称之为"一个由来已久的政治问题"。可以说,自1871年德国在俾斯麦领导下实现统一以来,欧洲大陆的外交就围绕着如何抑制德意志帝国的力量而展开,因为德国看起来是太过庞大、崛起速度又尤其惊人。煤炭和钢铁工业是工业化时代的标志性行业。1870年,英国在世界工业生产中还处于首位,约占世界总产值的1/3,但到了19世纪的最后10年,德国在铁和钢等重要部门的实力就已经超过了英国。1910年,英国工业生产占世界总量的12%,而德国则占16%,超过英国跃居欧洲首位。保罗·肯尼迪在《大国的兴衰》一书中总结了1500年以来大国兴衰的经验和教训,其中一个基本结论就是:"经济力量的转移预示着新大国的崛起。这些新大国总有一天会对世界军事形势和各国领土状况施加决定性的影响。"

一战爆发前,建立还不到半个世纪的德意志帝国,已经成为经济和军事实力最强大的欧洲国家。德国要求与其新兴工业实力相符的国际地位,渴望分享更大的世界权力及拥有相应的影响力。这就必须对19世纪的世界秩序发

---

① [法]皮埃尔·热尔贝:《欧洲统一的历史与现实》,中国社会科学出版社,1989年版,第3页。

起挑战，而在这一秩序中，英国占据着世界霸主的位置，是当时最庞大的世界帝国，并且在世界财富和国际贸易中占有最大份额。当时的德国各界普遍认为，正如过去普鲁士在同奥地利的斗争中上升为德意志大国，同法国的斗争中上升为欧洲大国一样，现在德国也应在同英国的竞争中上升为世界强国。于是有了第一次世界大战，之后又爆发了第二次世界大战。短短几十年，两次世界大战接连发生，没有什么能保证不会再有第三次世界大战。

德国的发展道路就是一条从战争走向战争的清晰轨迹。从版图上看，德意志第三帝国是神圣罗马帝国的继承者，但从精神文化上说，它是普鲁士王国的继承者。而普鲁士王国脱胎于宗教骑士团国家。中世纪的宗教骑士团以军事征服异教徒为己任，13世纪末，曾参加十字军东征的德意志宗教骑士团通过征服波罗的海沿岸普鲁士人的居住地，建立起早期的骑士团国家。16世纪上半期，在宗教改革运动中脱离教廷控制而成为世俗的普鲁士公国，但宗教骑士团的立国精神和传统被继承下来。17世纪初，因霍亨索伦家族的领地合并而缔造出强大的勃兰登堡—普鲁士邦。大选侯弗里德里希·威廉（1640—1688年在位）统治时期，通过建立一支强大的常备军而把勃兰登堡—普鲁士成功打造成了一个强权国家。他通过支持列强的掠夺战争，甚至靠牺牲帝国利益来扩充本邦的领土。到他去世时，勃兰登堡—普鲁士国家的军队已增加到3万人，其军事力量和版图已不亚于欧洲其他王国。

18世纪初，普鲁士正式升格为王国，其军事力量继续发展。到18世纪上半期，其军队人数已达20万，军费开支出占全国收入的4/5。普鲁士成了"和平时期的兵营"。利用这支训练有素的军队，普鲁士对德意志帝国皇帝和哈布斯堡强权发起军事挑战，通过三次西里西亚战争扩大了自己的领地，强化了自己在帝国内的强权地位，帝国内部形成普奥争霸的局面，在欧洲国际舞台上普鲁士也同奥地利一样成为强国之一。1773—1795年，普鲁士通过三次参与瓜分波兰，领土增加到了30万平方公里，进一步巩固了自己的大国地位。

在普鲁士崛起的过程中，普鲁士精神的代表性特征就是尚武精神或者叫作军国主义精神。可以说，"普鲁士是一个产生于战争和为了战争的国家"。国家完全被置于军事控制之下，扩军—备战—侵略成了国家生活的全部内容。德意志的统一之路也是通过王朝战争的形式最终完成的。从1864年至1870年，普鲁士发动了三次战争，先后打败了丹麦、奥地利和法国，进而完成了对德意志各邦国的征服。普鲁士先是征服了德国，后又成为了德国，德意志帝国不过是普鲁士的扩大。所以，这个德国是有着强烈普鲁士色彩的，奉行军国主义扩张政策的。二战结束了，但战争的危险并未消除。如果德国的力量优势得以恢复，战争还会再起。

欧洲面临的形势无疑是严峻的。但对于战后的欧洲来说，第二次世界大战最直接最深刻的影响是，它改变了世界格局，改变了欧洲自近代以来一直占据的世界政治舞台的中心位置。欧洲列强从战前主宰国际事务的权力顶峰上跌落了下来，列强之间的"力量均势模式"已经结束了。由于力量大为削弱，欧洲各国甚至已不能主宰自己的命运，只能唯美苏马首是瞻。成为美苏两国争霸世界的配角。更为甚者，这种地位的下降或虚弱，使欧洲各国成为美苏两个超级大国的赌注，它们随时可能成为两国争霸的牺牲品。如"舒曼计划"的起草者让·莫内所说："人们当然可以任凭形势如何发展，但是，如果我们不采取任何行动的话，命运就会把我们推到比现在更艰难的境地。"[①]所以，战后的欧洲需要从战争的废墟中走出来，重振经济；刚刚结束战争的欧洲需要解决内部矛盾，实现持久和平；在冷战的两极格局中，欧洲国家需要维护自身独立，争取最大的行动自由。而这一切，都需要欧洲国家联合起来。

[①] [法]让·莫内：《欧洲之父——让·莫内回忆录》，成都出版社，1993年版，第635页。

二、美苏的作用与影响

在大战结束时，美国人和苏联人在易北河会师了。这种相会意味着欧洲的隐退和消失。在战后世界，美国和苏联崛起，成为主导国际事务的主要力量。

美国因其地理位置的优势，是二战中唯一没有遭到战争直接破坏的大国，而且大发战争财，国力得到空前增强。战争期间，美国经济各部门迅速扩张。工业生产提高了1.2倍，实物出口量增加2倍，进口增加20%，资本输出也增加了34%。到1945年，美国独占资本主义世界工业产量的60%，商船总吨位已达5700万吨，占世界商船总吨位的2/3，可以把本国商品运往世界各地。在世界贸易中，美国也处于垄断地位，占资本主义世界对外贸易总额的32.5%，黄金储备占资本主义世界总量的59%。美元因美国对外贸易的大量出超而成为全世界的稀缺货币，取代英镑成为最主要的结算手段和储备货币，美国也成为了资本主义世界的中央银行。美国的资本输出大幅增长，仅私人对外投资就从1939年的125亿美元增加到1947年的169亿美元，不仅几乎垄断了拉丁美洲的投资市场，还大规模渗透到欧洲国家及其殖民地，成为世界上最大的资本输出国。战争结束时，美国几乎成了能够大量输出民用工业品和各国恢复经济所急需的机械设备及资金的唯一国家，这更加强了美国在世界经济中的地位。

美国的军事实力在战争中大大增强。1945年战争结束时，美国军事力量由战前的世界第16位一跃为世界头号军事强国，武装部队总人数达1200多万。美国拥有世界上最强大的海军和空军力量。作为二战中海战主要突击力量的航空母舰，美国拥有的数量由战前的7艘增至30艘。海军舰艇总吨位达380万吨，具有通过海洋向世界各地投送兵力的能力，取代英国成为新一代的海上霸主。空军中重型轰炸机由战前的22架猛增至11065架，还建立了5个空降兵师的新兵种，拥有绝对的制空权。此外，美国还拥有对原子弹及其运载工具的垄断。随着反法西斯战争的胜利，美国将其军事力量部署到了世界各地。美洲是美国传统的势力范围。在欧洲，美国不但在德国和奥地利都获得了占领区，而且在英、法、冰岛等国都有军事基地，其军事、经济、政治势力深入到欧洲大陆的心脏地带。在亚洲，美国军队不但独占了日本，还派兵进驻朝鲜北纬三十八度线以南的地区。此外，美国还在大西洋、太平洋、大洋洲、西欧、北欧、地中海沿岸、拉美等地建立了几百个军事基地。

苏联在二战中是打败法西斯国家的主力之一。苏联为反法西斯战争胜利付出的代价是巨大的：2700多万人死亡，国民财富损失1/3。战争破坏了苏联的生产力，给国民经济造成严重的灾难。战争结束时，苏联的石油产量只相当于战前的60%，铁产量相当于战前的59%，钢产量相当于战前的67%，纺织品产量相当于战前的40%。农业生产面临的形势更加严重，由于劳动力锐减和生产资料短缺，农业总产值比战前下降了40%。战后苏联恢复国民经济的任务十分艰巨。但在苏联共产党的领导下，1946年3月，最高苏维埃通过了恢复和发展国民经济的第四个五年计划。经过全国人民的艰苦努力，计划指标提前完成。到1948年，苏联工业产值即超过战前水平。到1950年，共恢复和新建成6200个大型工业企业，工业增长速度达23%，工业总产值比战前的1940年增加73%。农业总产值也基本恢复到战前水平。

经历战争的严酷考验，苏联变得更为强大。战争中苏联锻炼出了一支数量庞大、战斗力强、技术装备精良的军队。1945年战争结束时，苏军共有1100多万人。战争使苏联的军工生产能力大为增强。战时，苏军的技术设备全部更新，重型坦克、火箭炮、强击机等新型武器都有极大的发展，而且这些技术装备主要是自行设计、自行制造的。战后初期，除了飞机，苏联的坦克、大炮、机枪、步枪、冲锋枪、迫击炮等武器生产能力居世界首位。与此同时，国防工业获得重大突破，1946年建成第一座原子能反应堆，1949年成功试验第一颗原子弹，从而打破了美国的核垄断。苏联军队驻扎在西起德国易北河、东至朝鲜"三八线"的广大地区，形成一支举足轻重的威慑力量。

苏联的国际威望也空前提高。战争后期参与了联合国的筹建，成为安理会的常任理事国，并争取到了否决权。战后苏联的国际联系大大拓展，同苏联建立外交关系的国家由战前的26个增加到战争结束时的52个。战争使苏联扩大了自己的版图。西部邻国的一些地区，包括芬兰的雷尼契半岛、斯莱特尼半岛的一部分、贝柴摩、萨拉地区和卡累利阿地峡，波罗的海沿岸的爱沙尼亚、拉脱维亚、立陶宛三国，波兰东部的西乌克兰、西白俄罗斯，罗马尼亚的比萨拉比亚和北布科维纳，捷克斯洛伐克的外喀尔巴阡乌克兰，德国东普鲁士的一部分，总计约48万平方公里的领土并入苏联。战争后期的反攻又使苏军进驻欧洲更广阔的地区，最终从吕贝克到的里雅斯特形成了一条从南到北与美英对峙的军事分界线，该线还穿过亚得里亚海延伸到希腊北部边界和土耳其海峡。苏联还建立和扩大了防御区。通过帮助东欧一些国家取得解放并加速民主政权的建设，使社会主义超越一国范围变成了一种世界体系。自此，苏联结束了长期以来被孤立的状态。

　　欧洲不再是世界权力的中心。这突出地表现在欧洲大陆上的国家一个也没有参加过决定欧洲战后命运的主要会议——德黑兰会议、雅尔塔会议、波茨坦会议。德、意因战败退出争霸的历史舞台，法国勉强挤进战胜国的行列，英国虽然以顽强的精神赢得战争，但"胜利并不是英国保持其力量的同义语"，与"胜利"伴生的是英国的实力地位无可挽回地下降了。站在罗斯福与斯大林之间的丘吉尔，不止一次感受到欧洲的渺小，感慨"英国已经被贬黜为两个巨人旁边的一个小伙伴了"。很明显，战后"维持东西方关系格局的重任落在了力量远远超过其他各国总和的美国和苏联身上。英法等曾雄踞世界政坛的国家都只能在这个框架里考虑自己的对外政策"。① 鉴于此,在战后的西欧联合问题上,美苏的作用和影响就成为不可低估的外部因素了。

美国对战后欧洲一体化是积极鼓励和支持的。随着冷战的爆发,美国人认为,欧洲只有联合起来,学习美国依靠联邦制和整个大陆市场变为强国的经验,才能阻止苏联向西方推进。只有统一强大的欧洲才能避免德国民族主义死灰复燃,并永远结束欧洲各国间的战争。这样可以避免自己长期在欧洲承担军事义务。另外,我们也可以看到美国支持欧洲联合的经济动因。作为美国主要贸易伙伴的欧洲各国,面对战争造成的严重破坏和经济复兴的繁重任务,希望通过合作方式加快战后重建,尽快摆脱经济危机。而欧洲的经济复兴同样也是美国经济的需要。1947年初,时任美国驻联合国代表、两党对外政策发言人的约翰·杜勒斯,在发表美国对欧政策讲话时强调,欧洲不应再建立独立的互不关联的主权国家,德国问题应在欧洲统一范围内加以解决。他认为美国开国元勋亚历山大·汉密尔顿关于合众国的思想切合当前西欧实际。杜勒斯指出:"一个分裂为好几个小块的欧洲是不健康的。欧洲的一切潜力都必须予以利用,欧洲市场应该大大扩大。"1947年3月,在参议员富布赖特提议下,美国参众两院通过决议,"支持成立一个在联合国范围内的欧洲合众国"。

1947年6月马歇尔计划出台,美国向西欧国家提出的

---

① 陈乐民:《中国社会科学院学者文选——陈乐民集》,中国社会科学出版社,2002年版,第158页。

条件中就明确要求:"西欧国家只有联合起来作为一个整体才能接受美国的援助。"马歇尔表示:"这个计划必须是联合性质的,即使不能商得所有国家的同意,也应得到一部分国家的同意。"① 美国对欧洲一体化的推动明朗化。在美国的要求下,以英、法为首的16个欧洲国家成立了"欧洲经济合作委员会"。1948年4月2日,马歇尔计划以"经济合作法案"的形式为美国国会批准。法案明白无误地宣称,"鼓励欧洲国家"通过欧洲经济合作组织"加速欧洲经济合作",使西欧成为一个像美国那样的没有内部贸易壁垒的大规模的统一市场。法案声明,美国"重视自己一直是通过一个没有内部贸易关税壁垒的大规模国内市场的存在而得到好处的,而且也相信这些相似的好处能在欧洲国家自然而然的不断增加"。② 美国政府专门设立"经济合作署"负责马歇尔计划的实施。与此同时,欧洲受援国签署了《欧洲经济合作公约》,"欧洲经济合作委员会"更名为"欧洲经济合作组织"。对此,美国舆论界大加赞扬。《纽约时报》称之为"欧洲合众国可能由此产生的萌芽"和"欧洲联合的第一步"。

1949年10月,负责马歇尔计划执行的美国经济合作署署长保罗·霍夫曼在巴黎向欧洲经济合作组织理事会做了一次演讲。霍夫曼以命令式的口吻说:"到1950年初,你们要订出一个计划和做出一定成绩,这两件工作将能使

---

① 陈乐民:《战后西欧国际关系(1945—1984)》,中国社会科学出版社,1992年版,第86页。

② [美] J. 斯帕尼尔:《第二次世界大战后美国的外交政策》,商务印书馆,1992年版,第56页。

欧洲沿着经济一体化的道路前进";"所谓做出一定成绩,我的意思是,采取真正有效行动,废除对贸易的数量限制……";"所谓制订一个计划,我的意思是要订出一个切合实际的计划,来适应我们提出的基本任务,即经济一体化"。可以说,一体化的原则贯穿了整个马歇尔计划的制定和实施阶段。因为,在美国的官方观点看来,只有欧洲的一体化才会成为欧洲复兴的前提,也会成为欧洲长期繁荣的必要基础。美国人认识到,欧洲想要经济复兴必须要有一个健康的巨大市场。为宣传和执行马歇尔计划,经济计划署制作了无数新闻稿、海报、刊物、电台节目、新闻影片、纪录片。在这些宣传资料中,经济计划署一再强调欧洲国家接受援助的主动性和欧洲经济一体化的重要性,指出欧洲国家发生两次世界大战的主要原因之一是欧洲国家的民族主义,只有欧洲国家团结起来,成立联合的欧洲才能消弭在欧洲根深蒂固的民族主义,将欧洲从战争的泥潭中解救出来。并且美国的经济计划署对欧洲经济合作组织起监督作用,一旦发现欧洲经济合作组织有违背一体化原则的行为就及时纠正。可以说自始至终,美国经济计划署一直扮演了这一角色。经济计划署对不按一体化原则行事的国家给予减少资金分配的惩罚,有效地维护了一体化的原则,增强了受援助的各国走向联合的意愿和能力。所以说,马歇尔计划所坚持的一体化原则,在促进西欧联合方面起了关键的作用,没有马歇尔计划、没有美国对马歇尔计划的彻底和毫不妥协的坚持,西欧就不会迈出经济联合的关键一步。

而在马歇尔计划的实施过程中,欧洲经济合作组织使欧洲各国官员能够经常地在一起讨论问题，增强了彼此的联系，并加深了对彼此的了解，即使是在经济领域。最重要的是，各国代表就广泛的经济问题一起磋商，各国在共同利益中兼顾本国利益，形成了合作氛围。在这个过程中，各国清楚地认识到，它们的"经济体系是相互依赖而不是相互独立的，要么一起繁荣，要么一起失败"。而西欧国家为得到马歇尔计划的援助而成立的一系列经济、政治组织，冲破了原来民族国家的界限，使西欧各国的经济联系大大加强。在马歇尔计划实施期间，西欧各国在政治、经济领域的合作密切了，彼此间的了解也增强了，为欧洲一体化的发展提供了先决条件，并为欧洲最终在各方面走向统一奠定了基础。

此外，美国政府内部就如何加速西欧一体化和加快复兴联邦德国问题，进行了多方面的考虑研究。这是因为："德国的地理位置以及他在苏联军事战略思想中和在西方军事战略思想中作为潜在战场的作用，使得西方感觉到绝对有必要让德意志联邦共和国在政治上朝向西方，并一直与它紧密相连。如果这个纽带断裂，这就意味着西方一个重大的不可弥补的损失。"[①] 1950年2月11日，美国国务院德国事务局为国务卿迪安·艾奇逊准备了一份备忘录，题目是"欧洲环境中的德国"。文章指出，判断目前的世界形势和欧洲形势，不应单从德国问题出发，更重要的是要根据苏联的严重威胁，因为这使得德国问题尖锐地突

---

① [德] 赫尔穆特·施密特：《西方战略》，世界知识出版社，1988年版，第36页。

出。强调德国问题无论如何不能与加强西方联盟割裂开来，面对苏联的图谋，这个联盟看来是极其必要的。"在目前世界形势下，我们当然不希望欧洲被某个国家（不管是德国、法国或英国）自私的目标分裂开来"。而把联邦德国"结合到"西欧统一体中，是解决德国问题的主要方法。这样既可"使它在那里受到遏制，同时又可使它发挥和平的、建设性的、非独裁的作用"。备忘录强调说，"即使没有其他理由，单是为了解决德国间题，也有必要促使欧洲统一"。

另一个超级大国苏联，对于欧洲联合采取了与美国截然不同的反对立场，但却有异曲同工之妙。苏联的影响主要是通过对西欧国家的安全压力表现出来。

战后强大苏联的存在和它采取的一系列政策措施，使虚弱不堪的西欧国家感受到了空前的恐惧和威胁。早在二战期间，苏军为追击法西斯德国侵略军，于1944年4月进入罗马尼亚，6月越过苏波边界，9月以后又陆续进军保加利亚、匈牙利、捷克斯洛伐克和德国本土。战后，苏联红军在东欧国家的驻扎变成了永久的现实。而且数量众多，有约30个师，共50余万人，其中20多个师驻扎在民主德国，还部署了几千架飞机。为了抗衡西方，苏联在军事上采取了一系列措施，加强同东欧各国的政治、军事关系。1947年至1948年间，苏联相继与东欧各国签订了友好合作互助条约，从而形成了以苏联为首的苏联东欧同盟体系。在此基础上，苏联还加强东欧各国武装力量的建设和苏联对东欧武装力量的影响。庞大的苏联军事顾问团被派往东欧国家，大量的苏联武器装备运往东欧，到1950

年，东欧各国已建立起一支强大的武装力量。与此同时，苏联也不断加强自身的军队建设。一方面扩大常规军事力量编制，改革军事机构和更新武器装备；另一方面加紧研制核武器，于1949年9月成功爆炸了第一颗原子弹。

战后严重的经济困难，引发了西欧各国的社会动荡，秩序混乱。不满和反抗情绪在不断增长，群众斗争和工人罢工时有发生。各国共产党左翼势力借机加强实力，不断扩大影响，法国和意大利尤为严重。法国共产党成为具有重大影响的第一政党，控制了总工会，在选举中赢得了1/4的选票。法共加入了联合政府，并担任国防部长的要职。意大利共产党获得选票达1/3。从1945年至1947年间，西欧共有包括法国、意大利、比利时在内八个国家的共产党参加了本国的联合政府。当时任美国国务卿的马歇尔说："要是美国不支持欧洲进行自救，走向暴政统治很可能是不可避免的。"联邦德国前总理施密特在书中写道："俄国人是我们的邻居——强大的邻居——而且将继续是这样……一架苏联战斗轰炸机只需几分钟就可以飞临汉堡市上空投扔炸弹，再向西推进时，苏联最前线的坦克师只需要一个小时就可以到达德国西部边境。""我们也知道，我们必须提防我们的俄国邻居——我们必须能够保卫自己，用这种力量威慑俄国人，使他们不敢对我们的边界作任何可以想象的侵犯。德国人十分清楚地知道，他们不能单独做到这一点，他们需要伙伴与盟友。"[①]

---

① [德]赫尔穆特·施密特：《西方战略》，世界知识出版社，1988年版，第35页。

在伊朗，苏联并没有在战争结束后如期撤军。1945年底，苏军占领区成立了阿塞拜疆自治共和国政府和库尔德人民政府，伊朗政府派军队前往镇压却被苏军阻止。1946年1月，伊朗代表正式向联合国安理会提出控告，指责苏联干涉伊朗内政、阻止镇压叛乱，要求安理会采取措施。在苏伊谈判期间，美国大肆渲染苏联扩张的威胁，制造紧张空气。1946年3月间，美国《纽约时报》发表"苏联重兵向伊朗西部进军"的消息。美国总统公开宣称，如果安理会不把伊朗问题列入议程，美国将采取行动。在土耳其，因为苏联和土耳其历史上一直存在的海峡和领土之争而出现危机。1945年6月，苏联通知土耳其方面，表示愿意同土耳其缔结新的友好条约，但条件是：土耳其归还卡尔斯和阿尔达汗两个边境地区，在达达尼尔海峡地区给予苏联陆、海军基地，同意对1936年的"蒙特勒公约"做重大修改。对此，土耳其方面立即将情况通知美国，并答复苏联，土耳其将为保卫现有领土和主权而战斗。1945年11月，美国照会土耳其，提出修改《蒙特勒公约》的原则。为了不让苏联控制海峡，美国主张土耳其完全拥有海峡主权，并纳入联合国体制。

1946年3月，美国借口派出一支包括当时世界上威力最大的主力舰"密苏里"号在内的特遣舰队开往东地中海示威，这支舰队后来扩展为美国第六舰队。8月，美国宣布其最大的4.5万吨级航空母舰"罗斯福"号与其他七艘军舰驶往地中海，两艘英国驱逐舰也将到伊斯坦布尔访问。一时间，中东地区的气氛骤然紧张起来。美国媒体竭力渲染"伊朗危机""土耳其危机"，说苏联正准备以武力征服南方邻国。1948年3月，挪威外交大臣通知英美大使，称苏联3月初突然向芬兰提出签约要求，苏联也可能胁迫挪威签订类似《苏芬条约》的防务协定，挪威急于知道，如果遭到苏联进攻，能从美英方面得到什么援助。

1948年6月，在德国西占区，美英法三国于19日发布了"关于改革德国货币制度的法令"，开始实施货币改革，以新的B记马克取代旧马克，这给苏占区的经济带来了极大的混乱。对此，苏联向西占区的占领当局提出抗议，指责三国推行肢解德国的政策。作为回应，22日，苏联在苏占区也发行新的D记马克。货币改革使苏联和西方三国之间本已紧张的关系更加恶化，最终导致了苏联封锁柏林的"柏林危机"。6月24日，柏林和西部三个占领区之间的水上和陆路交通被全部切断。西方国家，特别是美国对苏联的封锁做出了强硬反应，宣布把西占区的货币改革扩大到西柏林地区，同时宣布对苏占区实行反封锁。危机持续了11个月，直到1949年5月才告结束。

战后初期东西方关系的紧张，西欧国家内部局势的动荡，苏联在东欧的军事存在和对东欧地区的控制，中东地区的危机态势，这一切都让西欧国家感受到了实实在在的恐惧。战前远在欧洲一隅的共产主义意识形态威胁，变成战后深入欧洲腹地近在咫尺的实实在在的军事压力。尤其柏林危机的爆发使法国政界受到强烈的震撼，他们强烈地感到苏联向西挺进的威胁。为此，当时的法国外长皮杜尔连续给美国国务卿马歇尔写了两封信，目的是在这种危机的情况下给美国一个直接的信号，表明法国的立场。皮杜尔在信中表示了法国对欧洲形势发展的极度担心："当法国还完全没有从最近的战争中恢复过来的时候,就单独甚至是在自顾不暇的盟友的帮助下,担负起保卫西部地区和那些在新一轮急转直下的形势下、把命运交给我们的人类社会,这种形势太严峻,危险太现实了。在这种情况下是无法压制苏维埃俄国的力量的。因此,现在是加强新老世界之间政治和无论如何要尽快实现军事合作的时候了。"① 皮杜尔的这个提议标志着法国的德国政策发生根本性变化。1948年6月4日,在伦敦六国外长会议上,法国同意西方三国占领区合并且最终建国的方案。而法国对德政策的转变是战后欧洲联合的前提。所以皮埃尔·热尔贝说:"斯大林的政策造成的恐惧心理,使欧洲人战胜了它们之间的分裂。"

---

① 惠一鸣:《从舒曼计划引起的争论谈起》,《世界历史》,2000年第6期。

三、共同的文化和历史传统

多样性的欧洲有着文化的同源性。现代欧洲各国，无论西欧、东欧、南欧、北欧，都是在古典文明和基督教文明的基础上发展起来的，即欧洲人是属于一种基于希腊—罗马文化发展起来、并借助于基督教会的组织和精神力量而传遍欧洲的带有共性的文明。

古希腊文明对现代欧洲人的影响，伊迪斯·汉密尔顿在《希腊方式——通向西方文明的源流》一书中有着这样的表述："雅典在它短暂的、但是极其辉煌的百花争艳、千贤争雄的时期内创造了这样一个精神与智慧的世界，以致使我们今天的心灵与思想也不同于一般。那时候所创造的艺术作品，所产生的思想观念，直到现在都没有被人们所超越，达到它们水平的例子也寥寥无几。西方世界中所有的艺术和思想都有它们的烙印。一个崭新的、与过去完全不同的文明在雅典兴起了。由于精神上和思想上的继承性，我们的身上有着希腊的传统，它深远的影响历经世纪的更替而不衰，它以理性的光芒和美的甘露感染了所有的欧洲人，即使我们想避开它的影响也不可能。"① 也正因为如此，黑格尔才会说："一提起希腊这个名字，在有教养的欧洲人心中便引起一种家园之感。"

希腊的古典传统为罗马所继承并与古罗马文明相互交融，共同造就了欧洲文明的构架。从公元前3世纪起，罗马城就成了地中海世界政治、经济和文化的中心。随着罗马共和国和罗马帝国的向外扩张，这一文明被推广到罗马统治的欧洲各地，包括今天的意大利、西班牙、法国、奥地利、瑞士、比利时、德国西部、匈牙利、罗马尼亚、保加利亚，还有不列颠岛上的英格兰以及原来的古典文明中心——希腊。在南起直布罗陀、西西里和罗得岛，北达多瑙河和莱茵河，东至黑海之滨，西抵大西洋和不列颠的广大地域内，都留下了相同的城市规划、交通工程、农林水利以及文化教育设施，从律令、钱币、文字、雕塑、日用器物到神庙、广场、剧院、浴池、街道和引水工程，"西方任何一个主要城市都可以找到某些罗马的东西"。可以说，无论欧洲的民族和语言如何复杂，每个民族都以大体相同的方式接受了来自同一渊源的文化。

但在中世纪之前，欧洲只是一种无意识的存在，在爱琴海一带的希腊人以及称霸地中海的罗马人看来，自己范围之外皆为蛮夷之邦。欧洲人对于欧洲共性的认同是源于对基督教的信仰以及对所有基督教信仰者的认同感，是基于基督教的传统、习俗、价值观等基础上的共同文化特性

---

① ［美］伊迪斯·汉密尔顿：《希腊方式——通向西方文明的源流》，浙江人民出版社，1988年版，第1页。

的认同。基督教虽然在欧洲繁荣滋长，但最初的发源地却是亚洲的巴勒斯坦。所以马基雅维利才会说："地中海虽然是欧洲历史的中心，欧洲是欧洲文化的最终归宿，但是真正的欧洲却起源于亚洲。"后来基督教传播到欧洲的南部，而罗马帝国晚期社会动荡不安，人们被压迫、被奴役，宗教信仰成为唯一的精神出路。基督教作为普世的宗教，既适应了欧洲人的精神需求，也迎合了当权者的统治需要。4世纪初，基督教取得罗马国教地位，帝国无远弗届的统治为基督教的广泛传播提供了条件。

公元476年西罗马帝国灭亡后，日耳曼人像潮水一样涌入帝国境内，在相互征战中建立起一系列蛮族国家。西罗马时期的政权已经土崩瓦解，但新登上欧洲舞台的统治者——日耳曼人，并没有治理社会的经验，整个社会处于散乱无序的状态之中。再加上生产力水平低下，欧洲各民族地区基本处于彼此分散、相互隔绝的状态。基督教会在动荡的世界力挽狂澜，所以很快就成为了欧洲社会的组织者，承担起了很多罗马帝国履行的政治职能，保留了先前的管理体系，借鉴了很多罗马帝国遗留的管理经验。维修公共建筑，给贫民发放粮食，甚至抵御外敌入侵。那时，人们还没有明确的欧洲情感，也缺乏很清晰的欧洲观念和认同。但基督教通过教会使其教义成为共同的道德标准，最起码在精神上有了统一的认识。正是这样一种统一文明的发展，奠定了欧洲意识的基础。所以，欧洲观念的宗教化是中世纪的特点。在这个意义上，欧洲中世纪的一千年是"欧洲观念"孕育和形成的时期。

日耳曼诸部落中最先皈依正统基督教的是法兰克人。

公元5世纪末，占据高卢北部地区后，其首领克洛维率领三千随从在兰斯大教堂受洗。在法兰克人的影响下，勃艮第人、西哥特人和伦巴底人在之后的一百多年时间里也相继皈依罗马教会。不列颠群岛的英格兰、苏格兰和爱尔兰人到8世纪初期也承认了罗马公教的权威。9世纪前后，法兰克王国的查理大帝通过东征西伐建立起疆域辽阔的查理曼帝国，基督教也随着帝国的军事扩张传播至德国东部和奥地利地区。在中东欧地区，征服了巴尔干的保加利亚人在9世纪中期接受了基督教；波兰、匈牙利是在10世纪之后才被彻底基督教化。在北欧地区，9世纪中期就开始有传教士传教，但直到11世纪中期，丹麦、挪威以及冰岛和格陵兰群岛才完成基督教化。瑞典和芬兰在稍晚些的12世纪也确立起基督教的统治地位，俄罗斯则是在10世纪末皈依了希腊正教。

　　到12世纪，基督教在欧洲大陆的传播几乎使欧洲和基督教世界相互重合。也就是说，基督教在整个欧洲取得了胜利，成为欧洲的主体宗教，整个欧洲基本上处于基督教的沐浴之下。"不同种族，不同语言，无论是富人还是穷人，他们都信奉着共同的宗教"。而当基督教从地中海到北海、从大西洋到顿河传遍的时候，基督教会对欧洲的统治，实现了"一个上帝、一个基督和一个教会"的理想。教会垄断教育，控制一切文化活动，恩格斯说："教会信条自然成了任何思想的出发点和基础，法学、自然科学和哲学，这一切都由其内容是否符合教会的教义来决定。"更为重要的是，基督教超越了欧洲的多样性，超越了欧洲的差异性，最终让欧洲成为一个拥有共同情感归属的联合体。

　　同一本《圣经》，同一套信条，同一类教育，同一式建筑，同一种艺术风格，同一派社会风尚。"他们代表着一种新的、独特的文明，而这种文明来源于雅典与耶路撒冷、日耳曼与罗马，用同一个信仰与同一种历史遗产结合在一起，在外部看来，欧洲已经浑然一体了。"① 这也就是说，只有基督教欧洲的建立，才有欧洲意识的坐标系。"只有当成为基督教世界，欧洲才第一次有了自我意识，认识到自身是一个有着共同道德价值和精神目标的统一体。"从"无意识"欧洲到"有意识"欧洲的过程虽然复杂而又漫长，但却是顺理成章的。② 公元1215年，第四次拉特兰宗教会议确定了七项传统圣事。这七项圣事贯穿人的一生，进一步加强了欧洲基督教世界的文化同质感。可见，基督教对中世纪的欧洲文化和观念起到了前所未有的整合作用。没有基督教，中世纪的欧洲可能是一盘散沙，正是由于基督教的存在，才使得分散的欧洲形成了一种特别的凝聚力，这便是最早的"欧洲观念"。

　　近代意义的"欧洲观念"是在十字军东征的过程中产生的。十字军东征是以教皇为首的西欧基督教世界发起的对地中海东岸耶路撒冷地区的军事入侵，其原因是复杂的，首要的当然是宗教原因。此外，中世纪中期，随着社会经济的发展，人口的大幅度增加，欧洲已经成为一个向外膨胀的欧洲，而人口的增加和生产效率的提高，失去土

---

① 陈乐民：《"欧洲观念"的历史哲学》，东方出版社，1988年版，第33页。
② 陈乐民：《"欧洲观念"的历史哲学》，东方出版社，1988年版，第8页。

地的农民越来越多，尤其是在荒年，失地农民迫切希望去东方寻找发财的机会，而且去东方朝圣更会在心理上获得极大的宽慰。封建阶级上层的贵族集团由于长子继承制也产生了大量没有领地封地的空头骑士，而教会禁止私战的法令迫使他们只好去异教徒那里获取荣耀。地中海沿岸的商业城市也希望能从东征中渔利。在这些共同因素的作用下，1095年，教皇乌尔班二世在法国举行的宗教会议上提出，希望对穆斯林发动联合进攻，以夺回圣地，消除对基督教世界的威胁。随后，第一次十字军远征开始。几乎与此同时，在欧洲的西边，伊比利亚半岛的基督教国家也开始了收复失地运动。这场运动一开始并不是整个欧洲基督教界的统一行动，只是伊比利亚半岛上的几个基督教小国自发的行动。到了公元1212年之后，基督教世界变得空前统一的时候，教皇英诺森三世宣布对伊比利亚半岛南部的穆斯林发动宗教战争。自此，伊比利亚半岛的收复失地运动也成为十字军运动的一部分。半岛最大的基督教国家卡斯蒂利亚成为运动的领导者，从整个欧洲招募了庞大的骑士军队支援作战。

对近东地区的十字军远征，200年左右的时间里共进行了8次，基本是以失败告终。伊比利亚半岛的宗教战争一直持续到15世纪末，以基督徒的胜利而结束。不管结果如何，最重要的是在与伊斯兰世界的冲突中，欧洲人第一次以宗教来区分异己。基督教所到之处，皆为欧洲的领土，宗教决定领土的归属，宗教成为一个文化符号深深刻在人们心中。而且欧洲第一次以一个整体为单位共同面对威胁，保卫欧洲、保卫基督教世界成为人们心中共同的奋斗目标，共同的合作目的。欧洲基督教徒们逐渐认识到自己是欧洲人，不管来自哪个民族、隶属于哪个世俗领地，大家信奉同一的基督教、来自欧洲这块同一的土地，共同的宗教信仰和意识形态发展成为欧洲人的精神纽带和情感纽带。所以法国的皮埃尔·热尔贝说："欧洲的个性是在中世纪以基督教的形式确定和出现的。"①

14世纪以后，伊斯兰化的奥斯曼土耳其人在小亚半岛迅速崛起，成为威胁欧洲的一股新兴势力。公元1299年宣布独立以后，奥斯曼帝国一直处于不断的对外扩张之中。在相继征服色雷斯、马其顿、索菲亚、萨洛尼卡和整个希腊北部后，1389年又在科索沃战争中打败塞尔维亚、保加利亚和匈牙利的联军，进而占领了巴尔干地区并企图征服欧洲。无力抵抗的匈牙利国王西吉斯蒙遂向他的基督徒兄弟们求援。1394年，罗马教皇对欧洲基督教世界发起总动员，呼吁欧洲内部封建主之间暂时休战，号召各国组织起来联合抵挡这个异教国家，挽救巴尔干地区。联合行动得到了大多数欧洲国家的响应，短时间内，法兰西、德意志、波兰、捷克、威尼斯等国就组织了20余万名基督教十字军战士。1396年9月25日，在今天保加利亚境内的尼科波利斯，匈牙利国王西吉斯蒙率领欧洲十字军联军与土耳其人开战。但不幸的是，奥斯曼土耳其军队仅用了不到三个小时就围歼了基督教十字军骑兵。

尼科波利斯战役被称为中世纪最后一次十字军远征。

---

① [法]皮埃尔·热尔贝：《欧洲统一的历史与现实》，中国社会科学出版社，1989年版，第13页。

在这次战斗之后，欧洲人再也不能阻止奥斯曼土耳其人的入侵了。但这新一轮与外部世界的冲突进一步激发了基督教世界的内在动力。在作战过程中，欧洲不同民族的人们再一次团结在一起，凝结的力量进一步加深了对欧洲内部的认同。几百年间，正是由于外界文化和敌对势力的不断入侵，以及在这一过程中形成的对外部的排斥感，欧洲观念才日渐明晰而深刻。

宗教是人类群体共同的意识和价值取向，更是一种认同和归属。共同的信仰为人们提供了一种共同的生活目的。中世纪的欧洲人以基督教为核心建立起一个文化与精神的统一体，其共同的世界观、价值观和人生观对欧洲认同起到了基础性的作用。这种以宗教为纽带的共同体思想至今还是组成欧洲一体化理念的集体记忆的重要部分。1985年6月，欧盟委员会制定了联盟共同的盟旗，欧盟委员会这样解释盟旗的文化含义："12是完美和丰饶的象征，使我们同时联想起《圣经》中的12使徒、雅各的12个儿子、罗马的12铜表法、赫拉克勒斯的12项业绩、一天的12个小时、一年的12个月或黄道12宫。最后，圆形的排列代表了联盟。"在欧盟的扩员问题上，欧盟民众关于土耳其入盟的异议中，焦点也是集中在土耳其的异质文化和非基督教问题上，也就是土耳其入盟进程中的欧洲认同问题。

土耳其地跨欧亚两洲，欧洲部分位于巴尔干半岛东南部，占全国总面积的3.1%。虽然土耳其98%的居民信仰伊斯兰教，但作为一个世俗化的伊斯兰国家，土耳其一直把靠拢和融入欧洲作为它的基本国策。1959年与欧洲经济共同体建立正式关系，1963年与欧洲经济共同体签署《联系国协定》，由此，土耳其开始了积极融入欧洲一体化的漫长之旅。1996年双方关税同盟启动，1999年欧盟给予土耳其入盟候选国资格，到2005年10月启动土耳其入盟谈判，双方关系发展围绕"土耳其入盟"问题已经走过了半个世纪的风雨历程。与土耳其同时申请入盟的希腊，早已于1981年加入欧盟。欧盟一直以土耳其的经济、人权状况为由拒绝其加入，但一些申请入盟较晚的中东欧国家经济条件和人权状况尚不及土耳其，也都已经成为了欧盟的完全成员。至于欧洲制度，土耳其可以在与欧盟的积极互动中学习欧洲的机制、制度、规范、惯例等，通过学习建构起制度认同。土耳其在漫长的入盟过程中也是这样做的，并得到了欧盟的认可。所以，从欧盟战后40多年对土耳其政策的演进轨迹看，欧盟虽然不质疑土耳其申请欧盟成员国身份的合法性，但事实上却采取了一种"延滞"土耳其融入欧洲的政策，在不明确拒绝土耳其入盟的同时，不断提高入盟门槛，尽量拖延其入盟时间。

作为欧盟候选国的土耳其一直得不到欧洲主要国家的支持，作为欧盟轴心的德国和法国也不想让一个伊斯兰国家加入欧洲联盟，主要原因还是它们认为土耳其并不符合欧洲认同体系。尽管欧盟在正式文件中并没提及它是一个欧洲基督教共同体，甚至在2004年的欧洲理事会上欧委会首次公开提出，"欧盟决不是一个地理区域限制的基督教俱乐部，而是一个政治计划"，但普遍的看法就是，土耳其不属于欧洲，它的文化也并非建立在拉丁和希腊文化的基础上，也没有基督教传统，相反它曾经还是"基督教世界"的敌人。它拥有一个不同于欧洲的文化、思维方法和生活方式。欧洲人担忧一个伊斯兰国家的加入会改变欧盟的性质。对于为入盟奋斗了半个世纪的土耳其来说，获得欧盟"完全成员国"资格是土耳其的世纪梦想和最终的奋斗目标。但能否成为欧盟的"完全成员国"，依然存在着不确定性。因为双方存在着人为因素很难改变的巨大的宗教文化背景和历史传统差异。这是一道难以突破的关口。

四、思考、探索与尝试

最早的欧洲联合思想是在战争与分裂中酝酿产生的。欧洲作为一个整体,在近代民族国家形成之际一直处于冲突和动荡之中。进入17世纪之后,相继发生了三十年战争、西班牙王位继承战争、北方战争和奥地利王位继承战争四次大规模的国际战争。频繁的冲突和分裂的现实促使人们思考,怎样才能消除战争实现永久和平呢?正是在对和平的期盼中,人们开始了以欧洲统一来保障和平的探索。

最早比较完整地提出欧洲联合思想的人是法国修士圣-皮埃尔(1658—1743)。作为法兰西科学院院士,他曾出席解决欧洲国际争端的乌特勒支和平会议。1713年他撰写了《给欧洲以永恒和平的回忆录》一书,提出了建立"欧洲邦联"的思想。圣-皮埃尔认为,三十年战争后确立的威斯特伐利亚体系虽然能有效地维持欧洲的稳定,但它本身也埋藏着战争的种子,酝酿着更大的风暴。那么,该如何消除战争因素,实现欧洲各民族的"永恒和普遍的和平"呢?圣-皮埃尔主张建立一个"牢固的持久的邦联"。他从六个方面分析了欧洲存在的有利条件:一是欧洲人分布比较平均，发展水平比较接近，各所属地区比较密集。二是欧洲水运发达，交通便利。三是由于血缘的联系、贸易交往的频繁、文学艺术的传播、殖民地的建立，各国君主的利益容易不断地交织融合。四是人民间相互交往，相互访问经常不断。五是印刷术的发明和广泛流行，使欧洲各地区的知识成为欧洲的共同财富。六是生活上的多种需求使各地区人民越来越需要相互补充。[1]

他提出的具体方案则包括五条通则：一是各国由君主缔约结成永久性的和不允许废弃的联盟，委派特命全权大臣建立议会或常设代表会议，结盟国家的一切纠纷均在这里通过仲裁或评判加以解决。二是确定哪些国君应派有特命全权大臣，并决定议事的程序和轮流任主席的方式、分摊经费的份额和动用公款的手续。三是由邦联保证每个成员按现状治理自己的国家，其王位继承方式或选侯制或世袭制，均依各国惯例。四是规定任何成员国如有违反邦联缔结的条约行为，如拒绝执行邦联的命令、擅自进行战争准备、违反邦联的条约、对其他成员国使用武力等，将受全欧洲的审判并被视为欧洲的公敌。对于受到全欧审判的国家，其他国家应该一起拿起武器迫使这个国家放下武器直至执行议会的决定、纠正错误、偿还用费、不再进行战争准备。五是规定特命全权大臣有权根据各自宫廷的皇谕，在议会中制定他们认为对于各成员国有利的条款，但是这些条款必须不致改变五条通则的基本内容，并需成员

---

[1] 陈乐民：《"欧洲观念"的历史哲学》，东方出版社，1988年版，第50页。

国一致赞成。[1]

应该说，圣-皮埃尔对欧洲联合的经济和文化基础的认识是基本正确的。他看到了欧洲在经济和文化上的同一性，正是这种同一性使欧洲联合成为可能。他关于既要对各国主权加以必要限制又要充分尊重各国主权的思想，也具有基本的合理性与现代性。但圣-皮埃尔的欧洲邦联是建立在君主制基础上的，其方案得以实施需要仰赖各国统治者的善良愿望，因此本身就是脆弱的，他自己也承认他的方案消灭不了强权政治，不能从根本上解决国家间的利益冲突问题。尽管如此，圣-皮埃尔提出的毕竟是欧洲历史上第一个完整而具体的一体化方案，他的方案深刻地影响了后世欧洲联合思想的发展。

圣-皮埃尔关于欧洲联合的设想引起了卢梭的极大关注。他在经过认真的研究后写出了《永恒和平方案的评判》一文，从理论高度对圣-皮埃尔的邦联主义思想进行了冷峻的审视和批判。卢梭认为圣-皮埃尔的邦联主义理论只是一个乌托邦的空想。因为任何一个国家的君主主要是基于对利益的考虑来确定自己的社会行为。在君主制下，君主的最终目的决不是社会的公共福利，他只关心自己的特殊利益。为此，他们"既需要帝国又需要钱"，也就是说既需要对外不断地进行"战争与征服"，又需要对内不断地"加强专制政治"，从不讲任何信义，也从不愿接受任何法律的约束。强大时就倚仗自己的武力，弱小时就依赖与别国的联盟——这一切充分表明，他们根本就不

---

[1] 陈乐民：《"欧洲观念"的历史哲学》，东方出版社，1988年版，第56页。

希望有什么永恒和平。① 而圣-皮埃尔却以为凭着任何君主和臣属都永远不可能有的善良愿望，就能够找到有利于实现邦联体制的时机，只能是幻想。而且，认为只要召开一个代表会议，建议写上几条，然后大家签字就万事大吉了。这样的方案显然也是缺乏有效监督的，因而是无法保证的。

那么，怎样才能避免战争、实现各民族的永久和平呢？对此，卢梭并没有提出具体的理论和方案，但是卢梭继承了圣-皮埃尔欧洲联合思想，认为欧洲要求的和平，除了走联合的道路别无他途。与此同时，卢梭又通过对君主制的深入剖析，阐明欧洲联合的先决条件是推翻君主专制制度，建立民主共和制度。这就突破了卢梭以前欧洲观念的框架，丰富和发展了近代欧洲联合思想，并为欧洲联合指明了一条正确的路径。他以后的欧洲主义者无不受他思想的影响，康德关于欧洲联合是一个必然的历史过程和民主共和的思想，就是在卢梭《永恒和平方案的评判》一文的直接启发下提出来的。

康德是从政治哲学和历史哲学的角度研究欧洲和平问题的。1795年他的《永恒和平论——一个哲学方案》一书出版。在书中，他明确提出了以联邦——一种联合起来的权力和意志，而不是邦联的形式，消除战争、求得和平的思想。

康德认为战争使人类的自然秉赋在其前进进程中的充分发展受到了阻碍，并给人类带来了深重的灾难。在经过

---

① 郭华榕、徐天新：《欧洲的分与合》，京华出版社，1999年版，第69页。

了许多次的破坏、倾覆之后，理性告诉人们，必须"脱离野蛮人的没有法律的状态而走向各民族的联盟"，就像一国内部的所有国民应通过理性的法治建立国家以保障国内和平一样，欧洲各国乃至国际社会中的所有国家也应通过理性的法治，按照一项原始社会契约的观念，建立联邦以保障国际和平。康德深信这种国家的联合将是人类社会的必然前途，欧洲只有走联合的道路，才能制止流血、消除战争，舍此别无他途。

此外，康德继承了卢梭关于"共和体制是联合的先决条件"这一思想，认为共和体制是导向永久和平的唯一体制。因为各国只有首先成为共和国，然后才能成为爱好和平的国家。康德认为，在这种政体下，国家的所有公民拥有选择战争或和平的决定权，而公民们一旦拥有这种决定权，他们在做选择之前就不能不顾忌战争可能给他们带来的全部负担。这样，他们就会尽可能地避免如此危险的游戏而选择和平。因此，共和体制是拒绝战争的体制。但建立共和体制必须符合三条原则：一是社会成员的自由原则；二是全体臣民应服从法律的原则；三是社会成员的平等原则。在康德看来，在欧洲各国建立共和的政治体制，既是拒绝战争的需要，也是为统一欧洲联邦的形成奠定政治体制的基础。

康德在吸收前人思想成果的基础上，提出了更加完备和严密的欧洲联合思想。其联邦主义理论对后来欧洲一体化思想的发展产生了积极的推动作用。白里安和莫内等联邦主义者都从康德的联邦主义思想中获取过有益的理论营养。

进入19世纪，圣-皮埃尔、卢梭、康德等人的思想和观点引起了思想界更加热烈的讨论。1814年，法国思想家圣-西门提出通过建立"欧洲合众国"实现和平。在圣-西门看来，只有以和平的方式欧洲才能实现真正的联合，战争和暴力带来的只能是征服与分裂。其具体设想是从建立全欧议会入手，实现以英法和解为基础的欧洲和解与联合。19世纪下半叶，更多的知识分子开始了理论和实践的双重探索。1849年9月在布鲁塞尔、1859年8月在巴黎、1850年在法兰克福等地，相继举行了争取欧洲和平的大会。法国大文豪维克多·雨果在巴黎大会上充满豪情地预言："总会有这么一天，到那时，你们——法国，你们——俄国，你们——英国，所有的欧洲国家，无须丢掉你们各自的特点和闪光的个性，都将紧紧地融合在一个高一级的整体里；到那时，你们将构筑欧洲的友爱关系……到那时，两个巨大的集体——美利坚合众国和欧洲合众国——将越过大洋携起手来……"

　　然而，在相当长的一段时间里，欧洲联合思想和观念只是在知识分子和思想界之间交流着，远未形成普通民众的共识，也未引起政治领袖们的关注和兴趣。直到20世纪，欧洲联合的构想和计划才开始转化为一些思想家、实业家和政治家们的实际行动，也有了更为广泛的群众基础。尤其是第一次世界大战的爆发，这场战争不论是规模、血腥程度以及造成的损失，都达到了空前的程度，四年时间共造成1000多万人死亡，直接经济损失高达1800

亿美元。① 正是在第一次世界大战这场大灾难的刺激下，越来越多的有识之士开始积极探寻保证欧洲持久和平的具体方案。20年代出现了一批倡导欧洲联合的组织和团体，其中以奥地利贵族库登霍夫－卡勒吉的"泛欧"运动和法国政治家白里安的欧洲联盟计划影响最大。

　　库登霍夫－卡勒吉出生于奥匈帝国的一个贵族家庭，其家族的历史就像一部成功的外交史，其家族的成员是欧洲各民族的混血儿，与欧洲许多国家如英国、法国、德国、俄国、波兰和挪威的贵族都有联系。因此，其家族成员对欧洲的认同要甚于对国家的认同。库登霍夫－卡勒吉出生在这样一个极具欧洲背景的大家族中，成长在世纪之交的奥匈帝国。他从小接受的是"超民族国家"的帝国教育，在思想、感情上，卡勒吉与民族主义保持着距离。而且，卡勒吉的母亲是日本人，从母亲那里接受的东方文化的熏陶，使他能够从欧洲之外的视角客观地审视欧洲，从而更清楚地意识到，所有欧洲国家属于一个文化共同体，欧洲文化具有其独特性。

　　1923年，库登霍夫－卡勒吉出版《泛欧洲》一书，这标志着"泛欧"联盟的成立和"泛欧"运动的开始。他在书中系统地介绍了自己的"泛欧"思想，并集中探讨了建立欧洲联盟的条件、原则和具体措施。他认为欧洲各民族在文化上彼此相近，是一个更大的同质的欧洲文化的一部分。认识到这一点，国家的界限就会失去意义，一种泛欧

---

① ［美］斯塔夫里阿诺斯：《全球通史》，上海社会科学出版社，1995年版，第608页。

洲的意识就可以培养起来。他指出,当前欧洲问题的症结在于其政治体制的老化,所以解决欧洲的问题就必须使各国放下争端,展开全面的政治、经济合作,朝一个统一的联邦发展。为此,库登霍夫-卡勒吉提出了循序渐进的实施战略——宣传"泛欧"思想;建立"泛欧"组织机构;召开"泛欧"大会;在国联内部组成"泛欧"国家集团;建立仲裁法庭,签订各种强制性解决欧洲冲突的条约;建立关税同盟,推动欧洲联邦的经济一体化;起草联邦宪法,成立"泛欧联邦"。

"泛欧"联合的根本目的是"阻止、消灭欧洲内部周期性的战争,增强欧洲在国际上的竞争力,发展欧洲文化"。"联合欧洲大陆上的所有民主国家,建设一个强大的、有生命力的联邦制国家"。作为一项政治运动,"泛欧"联盟在卡勒吉的领导下开展了一系列的出版、演说、集会、研究等活动。其中,最重要的是召开了五次"泛欧"会议。1926年10月3日,第一届"泛欧"会议在维也纳的音乐大厅举行了开幕式。共有2000多人参加了这次会议,与会者包括欧洲商界、新闻界和文艺界人士,以及各国委派的代表。大会就"泛欧"组织与国联的关系、欧洲关税同盟、欧洲的少数民族及欧洲思想文化合作等议题进行了热烈的讨论。在大会的最后阶段,来自法国、德国和波兰三国的青年代表做了发言。法国人说法国青年对"泛欧"运动充满热情,德国人则表示德国青年在建设新欧洲上不会落后于法国青年,波兰人则说波兰青年会为与德国人的和解而努力。最后,三国青年代表相互拥抱,会场爆发出雷鸣般的掌声。

多国媒体记者追踪报道了这次盛况空前的大会，造成了广泛而积极的社会影响。英国《曼彻斯特守卫者周报》甚至表示："欧洲合众国不再是梦想，它已经进入现实世界。"此后，随着历届"泛欧"会议的召开，大会在欧洲的影响与日俱增。截至1928年，"泛欧"联盟在欧洲范围内拥有的成员已达到6000名至8000名。与此同时，卡勒吉的"泛欧"联合思想，也在欧洲范围内获得了更广泛的关注，引起了有力的回响。在德国，从社民党的机关报《前进报》，到天主教会的《日耳曼妮娅报》，从民族保守派的《德意志汇报》，再到自由派的《法兰克福报》都发表了介绍、评论"泛欧"思想的文章。其中，德国最具自由主义传统的《福斯报》，从1922年到1933年的十年间，共刊发300余篇与"泛欧"思想及"泛欧"运动有关的文章，力挺卡勒吉的欧洲联合主张，成为传播"泛欧"思想的最重要的舆论阵地。在法国，从左翼社会主义的报纸《意志》，到右翼保守派的《费加罗报》，再到法国最大的报纸《小巴黎人报》，都不同程度地报道、介绍了卡勒吉的"泛欧"思想和活动。在英国，像右翼保守派的《泰晤士报》和左翼的《卫报》等最具影响力的报纸，也都发表了评价"泛欧"思想、运动的文章。[①] 这说明，两战之间的"泛欧"主张已经受到了欧洲社会的重视，开始进入了欧洲公众的视野，并逐步形成了强大的舆论声势，为二战后欧洲一体化的正式启动打下了坚实的思想舆论基础。

---

① 李维：《第一次世界大战与"泛欧"运动的兴起》，《历史教学》，2014年第6期。

在"泛欧"运动的积极影响下和大力推动下,一些欧洲的政治家也开始尝试通过"欧洲"的视角来审视问题,借助"欧洲"的话语来谈论问题,酝酿"欧洲"的框架来解决问题。其中,首次试图把关于欧洲联合的理论提升到政府政策水平的法国政治家白里安,就是在吸收库登霍夫－卡勒吉"泛欧"思想的基础上,提出了他的"欧洲联邦"计划。

当时白里安任法国的外交部长。第一次世界大战使他深感在欧洲建立一个安全体系的重要性,但他认为国联并不能保证集体安全,法国仍然面临德国的军事威胁。他意识到,孤立和疏离德国并非有效的办法,但在法国国内民族主义情绪高涨之时,实现法德之间的和解似乎又不太现实,可行的办法只能是让德国融入欧洲。于是他考虑在一个组织起来的欧洲范围内既制约德国又确保法国安全。而且,一战后的欧洲,政治上支离破碎,经济上走向衰落。白里安认为要改变这种状况,欧洲必须联合起来。1929年5月,白里安在日内瓦国联大会上发表演说:"我认为像欧洲这样聚居在一起的各个民族之间应该保持一种联邦关系,这些国家的民族随时都要进行交流,讨论他们的利益,做出共同的决议,彼此之间建立一种休戚相关的关系,一旦发生紧急的情况,就能够共同应付,我要努力建立这种联系。"

1929年9月,白里安在国联大会上首次公布了他的欧洲联盟计划——《关于建立欧洲联邦同盟的备忘录》。1930年5月,他在给国联26个成员国的备忘录中对自己的计划做了进一步阐述。白里安提出了建立欧洲联盟的三条原则：一是把政治上的安全放在首位，经济上的合作处于次要地位；二是规定联盟建立在联合而不是统一的基础上，联盟的性质是一个松散的联邦，将充分尊重各国的独立和主权；三是建立欧盟的共同市场，强调各国在经济、公共设施、交通运输、信贷贸易、劳务市场、医药卫生、行政管理等领域展开合作。在具体机构设置上，白里安认为要在国联内部先建立独立的政治机构——一个由国联所有欧洲成员国政府代表组成的欧洲议会，作为欧洲联盟的主要指导机构；一个由欧洲议会的某些成员国组成的政治委员会，作为欧洲联盟的执行机构；还有一个秘书处。然后再向经济领域扩展，实现经济上的联合。

白里安的欧洲联合方案提出后，除了捷克斯洛伐克和保加利亚等几个中东欧国家表示欢迎外，其他国家都保持冷漠甚至反对态度，最后不了了之。白里安方案之所以失败，主要还是因为当时处于凡尔赛体系下的欧洲各国，尤其是传统大国由于各自的利益差别而具有不同的政治意愿，这也就意味着欧洲联合缺乏政治基础。法国的战略目标是最大限度地削弱德国，防止它东山再起，从而重建法国在欧陆的霸权；德国是战败国中遭受惩处最严厉的国家，它的目标就是修约和复仇。特别是希特勒上台后决心用战争来取得它要得到的，根本无意在政治上与欧洲合作；英国则把保持欧洲"均势"看作是自己长远的战略利益，因此，它不希望过分削弱德国而使法国乘机称霸欧陆；意大利虽然是以战胜国身份在《凡尔赛和约》上签了字，但它觉得分赃太少，它要冲破《凡尔赛和约》且实现其扩张野心。此外，1929年世界性的资本主义经济危机大爆发，各国纷纷采取贸易保护主义政策，提高关税，关闭边界。西欧统一市场荡然无存，欧洲也就失去了联合的经济基础。

总之，20世纪二三十年代的欧洲，缺乏联合所需的最基本条件，这是白里安计划失败的根本原因所在。到1931年德国纳粹上台执政，欧洲联合不再成为各国关注的焦点。而1932年随着白里安本人去世，他的欧洲联盟计划也就被遗忘了。但白里安计划失败所带来的灾难性后果和惨重代价，却为20世纪下半叶欧洲人终于达成共识——不以战争手段解决内部纷争——创造了条件。

第二次世界大战作为人类历史上规模最大、范围最广、卷入人口最多的战争，给世界人民带来了深重灾难。欧洲作为主战场，成为受害最深的地区之一。伤亡和流血刺激并复苏了欧洲意识。如果说二三十年代主要是知识分子和少数政治家在为联合呐喊，那么纳粹的奴役和暴行则使欧洲各国民众在抵抗法西斯的共同斗争中，日益悟出了各国人民利益的一致性，欧洲联合思想越来越得到认同。在法西斯的占领国和未被占领国，在抵抗运动和流亡政府中，都出现了对欧洲联合的探索和追求。

意大利是反法西斯抵抗运动的发源地，欧洲联邦主义思想和欧洲意识也最先在意大利抵抗运动中表现出来。1941年7月，被囚禁在文托泰内岛的联邦主义者埃尔内斯托·罗西、阿尔蒂埃罗·斯皮内利等人起草了一份《自由与联合的欧洲宣言》，又称《文托泰内宣言》。宣言认为，是民族国家的绝对主权导致了各个国家都想支配别国的欲望，而这种支配的欲望不可避免会导致最强大国家对所有其他国家的霸权。所以结论是，民族国家的积极作用已经完结，应该在欧洲建立联邦，最终取消拥有主权的民族国家。宣言被偷偷带出文托泰内岛，在罗马等地秘密流传，它所提出的思想后来被抵抗运动普遍接受。1943年8月，意大利联邦主义者在米兰举行会议，建立了"欧洲联邦主义运动"，该组织根据《文托泰内宣言》精神发表了六点原则声明，表示要建立"一个欧洲联邦，按照所有欧洲人的共同利益把那些主权国家的权力转让给它"。德国占领意大利北部后，逃亡瑞士的埃尔内斯托·罗西于1944年5月发表了《欧洲的未来》一文，着重从政治上论证了欧洲统一的必要性。他指出："使8000万德国人不受羞辱地永远解除武装的唯一办法是把他们并入一个联邦。"同罗西一起在瑞士流亡的都灵大学经济学教授易吉·伊诺蒂，则在《欧洲联邦的经济问题》一文中提出了支持欧洲统一的经济原因：可扩大市场，加强竞争力，自由转移劳动力，有效利用资本等。这些文章被译成法文和其他文字，秘密运送到纳粹占领的一些国家。[①]

在法国，建立欧洲联邦的思想也成为抵抗战士的共识。由联邦主义者亨利·佛伦纳伊主编的地下报纸《战斗》周报，不断刊载鼓吹欧洲联合的文章。该报宣称："由于我们正在进行的斗争，欧洲合众国……不久将成为现实。"1944年初，它倡导所有的欧洲国家放弃部分主权，以利于欧洲联邦的建立。同年6月，"欧洲联邦法国委员会"在里

[①] [美]罗伊·威利斯：《意大利选择欧洲》，上海人民出版社，1976年版，第4页。

昂成立，并与其他国家的抵抗运动取得了联系。①

在各国欧洲统一运动发展的基础上，1944年3月至5月间，一些国家的抵抗运动代表在日内瓦举行了一系列会议，讨论欧洲的未来问题。7月，代表们发表了一个《欧洲抵抗运动声明》②，要求各抵抗组织"应将各自国家问题作为整个欧洲问题的特殊部分加以考虑"。声明号召成立一个联邦式的同盟，该同盟将拥有自己的军队与司法体制，它只对欧洲各国人民而不是对其政府负责。战争结束前夕，这一声明和其他联邦主义文件在欧洲大陆广泛流传。尽管无法确定欧洲联合观念在战时欧洲民众中的普及程度，但规模宏大、人数众多的抵抗运动，无疑使相当一部分欧洲人了解并接受了这一思想。

各国在伦敦的流亡政府也为欧洲联合做出了必要的努力。比利时与荷兰之间开始进行关税同盟的谈判；希腊与南斯拉夫签订了协议，规定两国将组织共同的总参谋部，建立关税联盟和金融联盟，并通过定期举行成员国外长会议协调外交政策；波兰与捷克也建立了协调委员会，拟组织共同的总参谋部，建立关税和护照联盟，保持货币汇率稳定以及在交通和通讯方面密切合作。两国还表示邀请其他国家加入协定。比利时还希望与荷兰和法国的殖民地国进行经济、政治和军事的联合。此外，波兰政府总理西科尔斯基将军和捷克斯洛伐克、挪威、比利时、荷兰、卢森堡、希腊、南斯拉夫以及"自由法国"的政府都进行了接

---

① 苏瑞林：《二战与欧洲统一运动》，《欧洲》，1995年第6期。
② [美]罗伊·威利斯：《意大利选择欧洲》，上海人民出版社，1976年版，第6页。

触,建议在地区性联邦的基础上成立一个安定和自由的欧洲共同体。[①] 上述流亡政府的努力虽然没有完全成功,但他们的活动在欧洲联合的历史上留下了不容忽视的印记,流亡政府中的很多人后来成为战后欧洲联合的积极倡导者和实际组织者。

总之,第二次世界大战在欧洲促成了联邦主义运动的空前兴盛,各国民众普遍增强了欧洲意识,盟国之间的战时合作也使联邦主义者获得了某些一体化的经验。战后不久,欧洲联合运动在西欧各国面临强大的内部复兴压力与东西方冷战的外部压力下,又如火如荼地发展起来。英国首相丘吉尔成为这场运动的旗手。

1946年9月,丘吉尔在瑞士苏黎士大学发表了题为《欧洲的悲剧》的演说。他表示:"如果所有欧洲国家能联合起来,它们的三四亿居民就会通过一个共同遗产带来的成果而获得任何界限、任何边境都无法限制的繁荣昌盛、灿烂光辉和幸福的生活。欧洲大家庭或起码是欧洲大家庭中的绝大部分成员都应该弃旧图新、重新建立他们之间的联系,以便使自己能在和平、安定和自由中得到发展。我们需要建立起某种类似于欧洲合众国的东西。要完成的第一步就是设立一个欧洲委员会。为把这项紧急任务完成好,法国与德国应当和解;英国、不列颠各族人民的大家庭、强大的美国,而且我诚恳地希望还有苏联……都应该成为朋友和新欧洲的保护者,应该捍卫自己生活和繁荣的

[①] 姜南:《第二次世界大战与欧洲联合运动的兴起》,《世界历史》,2015年第4期。

权利。"①

丘吉尔凭借着自己在二战中的声望发出号召，这大大鼓舞了包括英国在内的各国欧洲联合运动。一时间各种联合组织和机构纷纷建立。② 1946年12月，50多个联邦主义运动组织齐聚巴黎，成立了"欧洲联邦主义者联盟"，为建立一个超国家的欧洲联邦而积极活动。1947年2月，主要由英国独立工党发起的"欧洲社会党国家联盟"宣告成立。7月，库登霍夫-卡勒吉领导的"欧洲议会联盟"召开筹备会议。8月，德国的众多组织联合成为拥有盟员上万人的"欧洲同盟"。在这些众多的组织中，规模和影响较大的有：以比利时前外长范齐兰和法国经济委员会主席达纪埃尔·塞律伊等人为首，1947年3月在海牙成立的"欧洲经济合作联盟"；丘吉尔倡导的包括英国一些政党、显贵和知名人士参加，1947年5月在伦敦成立的"欧洲统一运动"；1947年7月，由赫里欧担任主席的"欧洲统一运动法国委员会"也正式成立；1947年底，欧洲各国的统一组织联合成立"欧洲统一运动国际委员会"。1948年5月，为了把各式各样主张欧洲联合的组织聚拢在一起，确保各个欧洲运动之间的联系，由丘吉尔主持在荷兰海牙召开了第一次"欧洲大会"，参加会议的近800名西欧各国的显赫人物，共同探讨欧洲联合问题，并且制定了欧洲组织的最低纲领和总目标。大会发表了《告欧洲人民书》，

---

① [法]皮埃尔·热尔贝：《欧洲统一的历史与现实》，中国社会科学出版社，1989年版，第49页。
② 王绳祖：《国际关系史》（第七卷），世界知识出版社，1995年版，第123页。

表示希望能有一个统一的欧洲,一个欧洲的人权宪章和执行宪章的法庭。大会决定成立一个各发起团体的联合委员会,推动有关欧洲统一的工作。战后初期的欧洲联合运动走向高潮。

但是,欧洲统一运动并不统一。由于战后初期面临的形势不同,利益存在差异,各国只是试图通过欧洲联合解决各自的特定问题,而且在经济尚未恢复以及德国未来地位未定这两个问题解决之前,西欧联合更是难以迈出决定性的步伐。所以西欧联合在很长时间内仅停留在提出建议、呼吁政府、动员舆论、争取群众的阶段,一般号召胜于具体方案,泛泛建议多于实际行动。1948年初,英国外交大臣贝文年在下院发表演讲,表示英国愿意加强同法国、比利时、荷兰、卢森堡之间的联系,并通过条约的形式确立一个重要核心。同年3月,经过英、法与低地三国(荷兰、比利时、卢森堡)的共同协商,五国最终签订了《布鲁塞尔条约》,成立"布鲁塞尔条约组织",拟在军事和外交方面进行合作。这个组织表面上是要防止德国的再次侵略,实质上却是一个覆盖面很广的组织。它在政治、经济与军事上对西欧国家做了一次彻底整合,在集团内部体现了所有成员国的共同利益。但是作为欧洲共同防务组织,它并没有独立的运行机制,所以也只是一个欧洲联合象征意义上的组织。

直到美国提出马歇尔计划,才迫使西欧国家协调行动,解决如何实现联合的问题。1947年7月,英国、法国、意大利、荷兰、比利时、卢森堡、丹麦、挪威、奥地利、土耳其、希腊、葡萄牙、爱尔兰、冰岛、瑞典、瑞士共16

个西欧国家和德国西部占领区，参加了在巴黎召开的讨论马歇尔计划的会议，成立了"欧洲经济合作委员会"。1948年4月，与会国代表签署了《欧洲经济合作公约》。至此，作为接受美国经济援助计划的常设机构——"欧洲经济合作组织"正式诞生。欧洲经济合作组织的核心和领导机构是部长理事会，还设置了一个七人行政委员会，具体负责制定经济合作组织的政策，监督经济援助计划的执行。为了协调并统一欧洲各国的利益冲突，维护各国的权利和利益，各项决策采取投票一致同意原则，否则无效。低地国家希望欧洲经济合作组织作为欧洲联合的基础，能发挥它更大的作用，因此希望加强它的政治功能，但这一设想遭到了英国和斯堪的纳维亚国家的反对。由于英国把欧洲经济合作组织的权力范围只限定于分配美援，使它的秘书处只起咨询作用，这一组织最终也没能发展成为西欧经济联合的"基础"。

1949年5月，英国、法国、意大利、荷兰、比利时、卢森堡、丹麦、挪威、爱尔兰和瑞典十国政府成立了"欧洲委员会"，开始了欧洲在政治和议会方面的合作。从组成国家来看，它的涵盖面更广，囊括了地理范围横跨大陆南北的大小欧洲国家。同时，它吸取了海牙大会的思想，也是欧洲人在1948—1949年间建立的比较能够体现欧洲联合思想的组织。然而，欧洲委员会成立以后，西欧各国政府就对该组织的目标、职权、活动方式发生了争论。尤其组织内英、法等大国关于实现欧洲统一的目标和方法始终存在较大分歧，再加上组织松散，实际职权缺乏，以至于该委员会在成立不久后就陷入名存实亡的状态，成为一个清谈机构，只对各自政府起咨询建议的作用。因此，也不可能通过它来创建一个统一的西欧。

　　应该说，战后初期的欧洲一体化运动在经济、政治和军事上都取得了一定的成果，从1947年到1949年，不论经济上的欧洲经济合作组织、政治上的欧洲委员会，还是军事上的布鲁塞尔组织，这些最初的尝试都对欧洲联合产生了一定的影响和推动作用。但由于参与的国家之间分歧不断，成立的组织一直采取政府间合作的形式，运转效率也十分低下。尤其作为西欧大国的英国，它的态度对西欧联合的消极作用是明显的。英国在这一时期所遵循的主要原则是与欧洲大陆的一体化组织或机构建立联系，与之合作，但不正式加入；如果加入则尽量避免这类组织的超国家性质。总之，到1950年春季时，欧洲人还没有找到欧洲联合的合适途径，各个国家始终没有迈出关键性的步伐。罗贝尔·舒曼和让·莫内已认识到，斯特拉斯堡（欧洲委员会所在地）无休止的讨论纯粹是浪费时间，决不可能产生一个联邦的解决办法，于是，他们成了职能性途径的提倡者，决定从另一角度探求欧洲统一问题。

五、法国对德政策的转变

　　战后的欧洲要想实现联合，尤其需要两个积怨最深的国家——法国和德国实现和解。因为法德作为欧洲大陆两个实力强大的邻邦可以说是宿敌，曾经有过几百年相互争斗的历史。从1870年至1940年的70年间，两国之间大规模的战争就有三次，法国首都巴黎曾两度被德国占领。1870年的普法战争，法国战败，蒙受割地赔款的奇耻大辱。在第一次世界大战中，法德两国作为协约国和同盟国两大对垒阵营的主要国家相互厮杀，战胜的法国凭借《凡尔赛和约》报了一箭之仇。但仅仅过了短暂的20年时间，在法西斯德国挑起的第二次世界大战中，德国军队就再次踏上法兰西国土，短短40天时间打败了号称欧洲最强大的法国陆军，迫使法国再次屈辱投降，而且占领了法国北部的大片领土。在第二次世界大战结束之初，在法国和德国人民的心中，战败国和战胜国的观念还十分牢固，民族的敌对情绪依然强烈。所以，作为战后西德第一任总理的阿登纳曾说过，如果德法之间缺乏根本谅解，欧洲的合作无法实现。

　　积极推动欧洲联合的丘吉尔意识到了法德和解的关键

性，所以，他在演说中呼吁："我们要想把我们自己从那种逼近的危险中拯救出来，就只有忘掉过去的仇恨，丢开民族的怨恨和复仇心，逐步消除那些使我们的分裂加深和凝固起来的边界与关卡，并共享那种本来是属于一切人的文学、传奇、伦理、思想以及信仰自由的灿烂的宝贵财富。"① 但二战后法国和德国的地位是不同的。作为战胜国的法国在双边关系中处于主导地位，所以丘吉尔首先劝导法国："千年的争吵已使欧洲陷于衰败，并且几乎使世界文明遭到毁灭。现在该是结束这种争吵的时候了，旧账是永远算不清的。报复是代价最高、耗费最大的劳民伤财之举……让利害关系最大的法国带头把日耳曼民族带回到欧洲大家庭里来吧。只有这样，他们才能挽回自己的失败和恢复他们在世界上的地位。"②

在丘吉尔看来，实现法德和解、将德国纳入一个统一的欧洲，不仅将重新提升法国在欧洲的地位，并且可以避免德国再度为祸欧洲。因为一味地复仇和压制，"德国及其勤劳的人民将找不到运用他们精力的手段或场所。经济上的窒息将不可避免地使他们的思想转向反抗和复仇。德国将再度成为它的邻国和整个世界的一种威胁，而胜利和解放的果实将再度丧失。但是，在统一欧洲的更宽广的舞台上，德国工业和德国人的才能都会找到建设性的与和平的出路。德国人不再是贫困的中心和危险的根源，相反，

---

① [英]温斯顿·丘吉尔：《欧洲联合起来》，商务印书馆，1977年版，第146页。

② [英]温斯顿·丘吉尔：《欧洲联合起来》，商务印书馆，1977年版，第319页。

在不小的程度上，他们不仅能够为自己，而且还能够为整个大陆恢复繁荣。"①

从法国方面来看，自从普法战争后，一个强盛统一的德意志帝国在欧洲中部出现，法国就开始把德国看作其安全的主要威胁和称雄欧洲的劲敌。摧毁、削弱、压制德国，警惕一个强盛的、不受约束的德意志国家的威胁和挑战，成为此后法国历任执政者所面临的最重大课题。第一次世界大战，法国以高昂的代价报了普法战争之仇。战后，为了彻底削弱德国，确保自身的安全和在欧洲的地位，以克里孟梭为首的法国代表团主张把德意志帝国整个打碎，向它索取巨额赔款，并在军事上严格加以限制，使它今后再无复兴的希望。虽然《凡尔赛和约》未能满足法国的一切要求，但对于削弱德国、重建法国的欧洲大陆霸权还是有利的。

二战结束之初，仍对德国怀有疑虑和恐惧的法国，并未能马上从传统对德政策的惯性中脱离出来。肢解德国和最大限度地削弱德国依然是战后初期法国对德政策的主旨。法国领导人戴高乐在回忆录中说："为了战后法国的持久安全和恢复法国的伟大，就必须采取措施永久地改变法德之间的力量对比。"为此，他提出了一整套处置德国问题的设想：首先是将莱茵地区从德国分离出来，使它在战略和经济上与西方结合。这实际上是要把法国边界推到莱茵河。然后是让德国最重要的工业区鲁尔脱离德国，实

---

① [英] 温斯顿·丘吉尔：《欧洲联合起来》，商务印书馆，1977年版，第59页。

行国际管制。至于德国另一重工业基地萨尔区,要成为一个单独的州,在经济上与法国结合。戴高乐对此的解释是,按照《波茨坦协定》,德国在东部割去了领土,而西部却原封未动,因此德国的活力和野心会转向西方,在西方也应有相应的安排,关键就是要使莱茵和鲁尔分割出来,置于西方的战略和政治控制之下。他还强调,不许可再有中央集权的德国以及要德国支付巨额赔款。① 很明显,戴高乐遵循的基本上还是法国在第一次世界大战后处置德国的思路,目的就是要打造一个虚弱的、分割的、非中央集权的德国,企图把德国永远排除出强国之列,一劳永逸地结束来自德国的危险和竞争。

从戴高乐到皮杜尔,从临时政府到法兰西第四共和国初期的历届政府,法国处置德国的思路没有根本的变化。在对德管制建立后,法国代表在盟国对德管制委员会及其下属机构中多次使用否决权,使管制委员会工作常常陷入瘫痪,以阻止建立德国中央管理机构的措施。同时,法国在自己的占领区中推行自己的一套。经济上把法占区作为法国的供应基地,利用德国资源供法国恢复经济之用。政治上鼓励法占区各州的地方主义倾向。1946年7月,美国国务卿贝尔纳斯提出合并占领区,以利德国经济恢复。法国加以拒绝,并继续在其占领区内我行我素,把它控制下的莱茵地区的一部分并入一个新的州,称为莱茵—法尔茨州。同年12月,法国又在萨尔区与德国其他地区之间建

---

① [法]夏尔·戴高乐:《战争回忆录》(第3卷上),世界知识出版社,1981年版,第48、66页。

立关税壁垒，目的是使萨尔在经济上与德国隔离而与法国结合。

但法国传统对德强硬政策的推行，是以自身强大的实力和国际影响力为基础的。而在第二次世界大战爆发初期法国即战败投降，其国土既是战场又被法西斯德国占领，经济上受到的破坏相当惨重。到战争结束时，法国的经济已濒于瓦解，各种物资极度匮乏。1944年，法国工业产量只及战前水平的30%，农业衰败，商业凋零。1945年，法国在资本主义国家输出额中所占比重不到1%，外汇储备枯竭，法郎贬值，与美元比例降至119∶1，法国资本在世界市场上的作用下降到最低限。1947年，法国的国民生产总值还不及1910年的水平。1944年至1951年，法国外债从1.3亿美元上升到35.9亿美元，增加了26倍，其中80%是欠美国的。[①] 总之，战后的法国实力遭到了严重削弱，以至被讥为"欧洲病夫"。面对严峻的现实，即使是以实现法兰西强大政策为执政核心的戴高乐，在战争刚刚结束时，其短期目标也仅仅是"使法国列于战胜国行列"。毫无疑问，这个行列的领导者是美国，这个目标意味着法国必须首先接受美国的领导。与此同时，法国对美国的依赖也在不断加深。特别是战争的破坏和战后初期的经济困难使法国不得不接受美国的援助。法国从马歇尔计划项目中共获得26亿多美元援助，占该计划援款总额的20.2%。其1949年现代化资金的90%和1950年现代化

---

① ［法］萨尔·贝特罕姆：《第二次世界大战后的法国经济》，世界知识出版社，1958年版，第11页。

资金的50%都靠这笔额外财源提供。① 经济上依赖美国援助，政治上就不得不仰承美国鼻息。法国力量的不足决定了它在对美关系中的软弱性。

而美国从称霸世界、遏制苏联的全球战略出发，采取一系列措施加紧扶植德国经济复兴，筹建西德国家，重新武装德国。因为西德巨大的经济潜力和重要的战略位置将增强美国与苏联对抗的实力。1947年春，美国前总统胡佛在关于欧洲经济形势的报告中明确指出，"没有德国作为一个成员的经济力量的恢复，就不可能有整个欧洲经济力量的恢复。"② 胡佛的调查报告为美国推行扶植西德的政策提供了依据。此后，在1948年开始实施复兴欧洲经济的马歇尔计划时，美国反复强调德国对欧洲经济的作用，并坚持将德国纳入马歇尔计划。1949年10月，美国又支持成立不久的西德加入了欧洲经济合作组织。11月，在美国的倡议下，美英法三个占领国与西德签署《彼得斯堡议定书》，进一步减少对西德工厂的拆迁，放松对西德经济的限制。这不但为西德的经济建设铺平了道路，而且标志着自战败以来，西方盟国第一次承认了西德的平等地位。与此同时，美国政府又开始考虑重新武装西德的问题。1950年朝鲜战争爆发后，美国认为"冷战有变成热战的危险"，必须把各种可能进行的合作都抓在手里。从地理位置上说，德国恰恰处在欧洲防务的前哨，没有德国的防务贡

---

① Alans Milward, *The Reconstruction of Western Europe 1945–1951*, Methuen Co. Etd 1987, p. 36.
② [德]康拉德·阿登纳：《阿登纳回忆录》（一），上海人民出版社，1976年版，第111页。

献，欧洲的防御就只能是"大西洋岸边的一场后卫战"，不足以对付"来自东方的侵略"。只有德国加入，"西方才可能有纵深的防御"，所以必须重新武装德国。为此，美国积极努力让西德加入北大西洋公约组织。①

法国在自身经济和安全严重依赖美国而又缺乏盟友支持的情况下，不可能脱离美国规划的轨道而另辟蹊径。事态的发展表明，法国沿袭传统的对德强硬政策，因与美国扶植西德政策的尖锐对立而难以为继。法国的政策"就像在打一场持久的退却战"，它被迫逐步放弃对德强硬立场，开始向美英政策靠拢，并最终将其对德政策纳入美国的欧洲政策和全球战略轨道。在1947年底的苏、美、英、法四国伦敦外长会议上，法国不再提及肢解德国的要求。法国外长皮杜尔私下向美国国务卿马歇尔表示：法国准备与美英讨论西方三个占领区的合并问题。1948年6月，美、英、法、荷、比、卢六国在伦敦达成协议，法国同意法占区与美英占区协调经济政策，统一对外贸易，实行货币改革，参加马歇尔计划。这表明，法国最终放弃了自法国解放以来一直追求的对德强硬政策。之后，法国外交部的文件中首次明确表示，允许"德国以平等伙伴身份重返欧洲国家社会"。同年9月，法国也放弃了分离莱茵兰的要求，同意西占区合并，至此，法国最终放弃了反对德国建立中央集权政府的立场。1949年9月21日，联邦德国中央政府成立。法国占领区成为西德国家的一部分。法国不得不

---

① ［法］阿兰·朗斯洛：《1940年以来的法国政治生活》，上海译文出版社，1981年版，第199页。

使德国问题从属于抗苏需要，并在此前提下寻求防止德国再度为害的途径。

除了美国因素，促使法国转变对德政策的另一个因素是苏联。冷战开始后，世界的主要矛盾由战胜国与战败国的矛盾逐渐转变为东西方两大阵营之间的矛盾，"国际政治主要关心的是，如何适应美苏对抗的局势以及如何局部地抵制这种对抗"。[①] 战前远在欧洲一隅的共产主义意识形态的"威胁"，变成战后深入欧洲腹地近在咫尺的实实在在的军事压力。1948年2月的捷克斯洛伐克事件和随后开始的柏林危机，让西欧国家日益感觉到"苏联威胁"的严重性和紧迫性。1948年8月，苏联爆炸了第一个原子装置，这意味着以美国核垄断为基础的西欧防务体系需要增加常规部队予以强化。西德总理阿登纳表示，西德加入西欧军队必须迅速解决，它不能"手无寸铁，毫无防御"，同时他还提醒各国认清是苏联的威胁大还是西德加入欧洲防务的危险大。[②] 形势的变化表明，德国问题已经失去了以往那种关乎法国生死存亡的传统意义，它已汇入了整个东西方对抗的大棋局里面。法国防务安全的主要对象已由德国转向苏联，西德还由于其特殊的地理位置而骤然之间变成了法国安全的屏障。正如后来戴高乐在波恩的一次演说中所表明的："法国知道，面对苏维埃的统治野心，万一

---

① ［美］保罗·肯尼迪：《大国的兴衰》，世界知识出版社，1990年版，第414页。

② ［德］康拉德·阿登纳：《阿登纳回忆录》（一），上海人民出版社，1976年版，第449页。

德国屈服了，法国的身心将立即遭到祸害。"① 简而言之，正是俄国问题，让法国能够实行对德政策的转变。

而随着西德国家的建立，不管法国愿意与否，西德的经济复兴和主权恢复显然是不可避免并日益成为现实。尤其是西德经济发展越来越快。战后初期，仅其优质硬煤的产量就超过法国煤炭的总产量。到40年代末50年代初，其优质硬煤的产量约为法国的1倍多。1949年，西德的粗钢产量也开始超过法国。② "事态正在向着德国增加独立性，增强实力，直至最后武装起来的方向发展。"如果再不采取有效措施对德国及其工业生产有所控制，德国一旦再度强大，其他国家就很难驾驭。让·莫内对他的同胞发出了警告："德国的再度复兴将产生严重后果……德国将再度向外扩张，德国将向国外市场大量倾销产品"，如此发展下去，必将重蹈战争覆辙。但驾驭德国的方法又不可能再是压制束缚，这一点已为历史再三地证明了。正如法国外长舒曼所言："一个大国不可能永远受人约束，复兴德意志民族主义的最好方式就是拒绝权力平等。相反，应该创造一种能使德国充满活力而又不对其邻国构成威胁的环境。"③ 既然德国的复兴已在所难免，法国唯一的办法是面对现实，"寻求一个新体制，使德国在这个新体制中，沿着不但可以减轻法国对它的恐惧，而且还有可能对两国

---

① ［法］阿尔弗雷德·格鲁塞：《法国对外政策》，世界知识出版社，1989年版，第177页。
② B. R. Michell, *International Historical Statistics*: *Europe*, 1750—1988, Stocton, 1992, pp. 419、457.
③ 皮埃尔·热尔贝：《欧洲统一的历史与现实》，中国社会科学出版社，1989年版，第94页。

都会有实际利益的方向去发展"。①由此，法国改变了以德国为敌的对德政策，让早在战争结束前就已经开始形成的欧洲主义成为其对德政策的主导思想。

从德国方面看，战后面临的形势同样是严峻的。联邦德国政府成立后，即把尽早改变西德被占领的状态以谋求完全恢复主权作为它对外政策的基本任务，而这如果得不到法国的理解和支持是难以实现的。正如阿登纳所言：德国的"整个未来取决于同法国实现和解"。为此，他利用一切机会表示德国要尽一切可能致力于法德和解，与法国重建友好信任与合作关系。1949年底，阿登纳在与美国《时代》周刊记者的一次谈话中做出了呼吁德法谅解的尝试。他认为"许许多多历史上的荆棘挡住了两国人民的视野，阻碍着双方往来的道路"，"和法国的友谊需要付出较大的努力，因为迄今为止这方面遇到了较为严重的阻力"。他表示决心要以德法关系作为其政策的一个基点。②阿登纳认为法国之所以奉行"以削弱德国为目的"的政策，是因为"它害怕德国重新强大起来"，是基于对德国重新崛起的担忧。所以，联邦德国政府向法国高级专员公署呈递备忘录，表示它将把法国"面对德意志联邦共和国所产生的安全需要看作是现实问题，并愿尽一切可能考虑这一需要"。同时，阿登纳向美国《巴尔的摩太阳报》记者发表谈话，再次呼吁德法谅解。阿登纳还表示，联邦德国政府

---

① Diebold. W. Jnr, "The Schuman Plan", *A study in Economic Cooperation* 1950 - 1959, New York, 1952, pp. 11 - 12.
② [德]康拉德·阿登纳：《阿登纳回忆录》（一），上海人民出版社，1976年版，第287页。

愿意尊重法国的安全需要，不给盟国军事安全委员会的活动"制造障碍"，并暗示联邦德国准备参加鲁尔国际管制机构。

阿登纳的这番外交努力，终于见效。1949年11月24日，在彼得斯堡（盟国高级专员委员会所在地）签订了《美英法高级专员和德意志联邦共和国总理关于改变拆迁计划的议定书》，即所谓《彼得斯堡议定书》。议定书明确宣称："他们的初步目标是使联邦共和国作为一个和平成员加入欧洲的大家庭。为此目的，德意志联邦共和国和西欧国家的联合应该在各方面通过它加入适当的国际团体，以及同其他国家交换贸易和领事代表团的方法积极地予以进行。"议定书写道："高级专员委员会和联邦政府满意地记录在这一方面所获得的一切成就，例如德国参加了欧洲经济合作组织。双方表示希望联邦共和国迅速加入欧洲委员会作为准会员，以及正在考虑中的同美利坚合众国政府签订一项关于经济合作法案援助的双边协定。"①

从1950年春天开始，西德接二连三地提出了各种发展德法关系的新建议。1950年3月7日，阿登纳在接见美国记者金斯伯里·史密斯时提议建立法德联盟。阿登纳说："法国和德国之间建立一个完整的联盟，并把它视为消除萨尔以及其他问题上的分歧的一种手段。这种联盟将成为欧洲合众国的奠基石。"他还表示，"假如德法联盟也向

---

① 《国际条约集》（1948—1949年），世界知识出版社，1959年版，第517页。

英、意、比、荷、卢等国敞开大门，我准备给予支持。"3月21日，阿登纳再次接见金斯伯里·史密斯，进一步阐述他对建立德法联盟的观点。他表示："我看可以从关税和经济着手，使两国逐步结合"，"通过这样的步骤，法国对于安全的要求可以得到满足，同时也能够制止德国的民族主义抬头"。阿登纳最后说道："我相信，任何通情达理的人都不会不认识到，这里所建议的联盟将会给欧洲统一的思想提供新的力量和新的生命。"① 然而，德国毕竟是一个战败国，阿登纳提出的建议未能得到法国方面的正式响应。但他建议关于两国联盟可先从关税和经济着手的意见，颇合法国对西欧联合的一贯主张，对法国政府有所触动。最重要的是，阿登纳让法国人看到了西德领导人致力于法德和解的意愿和努力。

总之，战后西欧的政治家特别是法德政治家都已清醒地意识到，面对着美苏两强的崛起以及它们控制欧洲和争夺霸权的事实，欧洲的单个民族国家已难以重振在世界上的地位和发挥自己的影响。如阿登纳所言："只有欧洲联成一体，我们欧洲人才能使我们在几个世纪中从先辈那里继承下来的财富，即欧洲的思想、西方的思想和基督教的思想重新发扬光大，并且重新给欧洲国家在世界经济和世界政治中占有一个席位。"不过，真正要在法德关系上取得突破，还要由法国人采取行动才行。

---

① [德]康拉德·阿登纳：《阿登纳回忆录》（一），上海人民出版社，1976年版，第354页。

六、荷比卢经济联盟的示范

荷兰、比利时、卢森堡这三个彼此接壤的国家在历史上都是"尼德兰"的组成部分。这块地方自古以来就未形成统一的民族实体。中世纪的尼德兰是一些破碎的贵族和宗教领地的集合体,曾先后隶属于法兰克王国、神圣罗马帝国、勃艮第公国,最后在16世纪初由于联姻继承关系落到了西班牙的哈布斯堡王朝手里。

16世纪前半期的尼德兰是欧洲经济最繁荣、人口最稠密的地区,资本主义发展迅速。北部以航海、造船、捕鱼业著称,南部的制糖、制皂、印刷、冶金等新兴行业发达。在17个省区中,以北部的荷兰、西兰和南部的弗兰德斯、布拉奔工商业最发达。南部城市安特卫普是当时欧洲最重要的贸易集散中心。这一时期的尼德兰地区除了少部分与现在的情况有出入外,可以说,"一个与现在的荷比卢经济联盟规模一致的独立政治单位在1534年就已经形成"。① 这是在民族国家的形成过程中,这一地区出现的

---

① [英] R. C. 赖利等:《比荷卢经济联盟》,天津人民出版社,1980年版,第24页。

第一次统一的局面。

16世纪中期,尼德兰爆发了反抗西班牙统治的独立战争。在战争中尼德兰分裂为南北两部分。北方各省组成乌特勒支同盟,在1581年获得独立,1588年宣布成立联省共和国,这就是荷兰国家的诞生。而南方各省(比利时)组成的阿拉斯同盟最终失败,1585年后重归西班牙统治之下。此后,"尼德兰"一词不再被使用。18世纪初的西班牙王位继承战争后,尼德兰南方又从西班牙的波旁王朝转到奥地利的哈布斯堡王朝统治之下。直到法国大革命爆发,比利时各省又为法国人占领。拿破仑帝国失败后,反法联盟国家害怕法国的扩张势力卷土重来,决定在法国东北边界建立一个新的强大的"屏障国家"。于是,1815年的维也纳会议将比利时省划归荷兰,组成尼德兰王国,王国君主还兼任卢森堡大公。但是由于荷兰对比利时的压迫政策,再加上双方在宗教和经济方面的矛盾冲突,使得这次统一昙花一现。1830年,比利时从荷兰独立出来,建立了独立的比利时王国。到了1839年,曾长期作为比利时一个省份的卢森堡也宣布独立,成为卢森堡公国。至此,独立的荷、比、卢三国都已形成。

除了历史文化背景相同,荷、比、卢三国同为西欧小国,领土相连接,在地缘政治中也处于相似的地位。这里自东向南分别紧邻欧洲的两个大国腹心地带——德意志的莱茵区和法兰西的"巴黎盆地"。同时,从低地区域可进入北海的东翼,与不列颠英伦相望。同处于以英、法、德为代表的西欧三大势力的夹缝之间,三国相互依赖性较强,有着共同的地缘利益。而经济上三国的发展水平相当、产业结构趋同，而且资源互补。荷兰是世界首个资本主义共和国，交通便利，曾长期占据欧洲的航运、外贸和金融中心的地位，但工业化的资源贫乏；比利时则得天独厚地拥有铁、煤、铜等工业自然资源，是继英国之后的第二个工业化国家；卢森堡也因丰富的铁矿资源而发展起先进的冶金工业。这些因素都为三国的经济联合打下了坚实的基础。

但真正促使三国在实践中走向合作的是战争。因为同在第一次世界大战中遭受了严重的打击和破坏，卢森堡和比利时率先开始尝试组建经济联盟。1921年，两国在平等基础上达成了经济联盟协议，还设计了共用的货币和共同的关税制度。通过建立联盟，比利时和卢森堡经济从战争中快速恢复并获得了进一步的发展。到第二次世界大战前夕，比卢联盟是世界上最大的钢铁出口者，世界钢铁需要量的三分之一都是由比利时和卢森堡来提供。[1] 比利时—卢森堡经济联盟的成功为下一步建立荷、比、卢三国的经济联盟打下了一个好的基础。

20世纪30年代的资本主义经济危机加速了荷比卢联合的步伐，并最终使得三国紧密团结起来，实现了真正意义上的合作。危机爆发后，各资本主义国家纷纷采取高关税的贸易保护政策以缓解本国的经济危机。到1931年底，已经有25个国家采取了提高关税壁垒的报复措施，而到1932年4月更是增加到了76个国家，这无疑加剧了危机

---

[1] ［英］R.C. 赖利等：《比荷卢经济联盟》，天津人民出版社，1980年版，第58页。

的进一步恶化。而一向以出口贸易为主的荷、比、卢三国,在这样的关税保护大战中面临严峻的形势,不得不在经济上采取合作的方式。1930年12月,荷、比、卢三国与北欧的丹麦、瑞典和挪威三国签订了奥斯陆协议,规定缔约国不得提高目前的关税税率,也不得在告知签约国前使用新的税率。1932年6月,荷兰、比利时和卢森堡再一次就逐渐降低关税税率达成一致。虽然最终这些经济联合计划都未能实现,但在为扭转不利的经济形势而采取合作行动的过程中,也让三国认识到加强关税联盟的重要性,为此后的荷比卢经济联盟提供了经验。

二战爆发后,荷兰、比利时和卢森堡三国相继被法西斯德国占领,其合法政府均逃亡英国。由于共同的战争经历,荷比卢都深刻认识到欧洲力量虚弱的根源是分裂,欧洲的未来只能依靠联合。比利时流亡政府的外交大臣保罗-亨利·斯巴克认为,"欧洲国家必须要联合起来,为了彼此的安全,欧洲必须相互依靠。"他指出,战后欧洲面临的首要问题是如何重建欧洲以及建立一个统一的联邦欧洲,但"如果没有经济解决方案就不可能解决政治问题,明天的世界,尤其是欧洲的未来与欧洲小国的安全、稳定是密切相关的。而那种战时联合、和平时期便孤立的模式以前不适用,在以后更是不适用的。战后西欧面临的一个重要问题是必须要修正民族国家主权原则,这不仅仅是小国所要做的,而大国更应如此"。[1]

---

[1] Paul-Henri Spaak, *The Continuing Battle: Memoirs of A European 1936 – 1966*, London, 1971, p. 77.

意识到寻求彼此间合作的重要性和紧迫性后，三国流亡政府开始重新思考战后欧洲建设问题。与此同时，开始为扩大和加深彼此之间的经济合作而努力。从1942年起，比利时人同荷兰人之间开始了关于关税同盟协定的谈判，并很快就发展国家间联合的议题达成共识。1943年10月，在斯巴克的推动下，比、荷、卢三国政府首先签订金融协定，确定了荷兰盾与比利时法郎的比值，并就促进双边支付做出安排，从而建立了低地国家的财政与贸易联合。斯巴克称这一行动是建立意义深远的经济联盟的第一步。1944年9月，比、荷、卢在关税方面又达成一致，签署了荷比卢关税协定，同意战后建立关税同盟。关税政策方面的合作成为走向人员、货物、劳务和资本在三国间自由流动的永久性经济联盟的第一步。[①]作为欧洲建立经济集团的先行者，荷、比、卢三国还"将它们的联合提出来作为一种更为广泛的欧洲联合的模式"，希望先建立关税同盟，然后再实现各国更广泛和深入的经济合作。

二战后国际形势严峻，美、苏、英、法四强主导欧洲，低地国家陷入为超级大国、欧洲大国所包围的困境中。虽然需要加强彼此之间的共同利益和联系，以在四大强国之间寻求平衡。但荷比卢关税协定在战后并未立即施行。主要是战后初期，低地国家都面临着棘手的国内问题，尽快恢复国内经济、政治秩序是当时三国政府关注的重点。而且战争还导致比利时与荷兰两国的实力对比在战后发生变

[①] 朱健安：《荷比卢三国在欧共体形成中的地位与作用》，《西欧研究》，1992年第2期。

化。1944年9月获得解放的比利时，通过其殖民地刚果的外贸获得大量外汇，同时战时的经济损失只有4%；而迟至1945年5月才获解放的荷兰，战时经济损失达1/3，国力大大衰落。所以，经过战后一段时间的恢复，从1946年5月荷、比、卢三国才正式开始着手关税同盟的活动。

1947年10月，荷、比、卢三国正式签订了关于建立关税同盟的协定，规定三国之间取消关税，并且对来自其他国家的货物统一税率。1948年1月1日起，荷比卢关税同盟协定正式生效。至此，战后欧洲诞生了被誉为"小欧洲联合"的首个经济合作组织——"荷比卢关税联盟"。这个联盟是荷兰与已经存在的比卢经济联盟之间的经济联合，而完全意义上的经济联合是分两个步骤完成的。第一步是两个区域的关税统一。这个目标已经在三国1948年的1月1日达成的协定中实现。第二个步骤是统一消费税和流通税。到1949年底的时候，三国关于这个问题达成一致。至此，荷比卢经济联盟各国之间的贸易解除了所有关税，而对第三国开始实行统一的对外关税税率。

荷比卢经济联盟的宗旨在于，通过保证成员国间的人员、商品、资金和劳务的自由流通，推进三个成员国之间密切的经济联系；通过实行最大限度的自由贸易，实施共同的对外贸易政策，在最有利的情况下开展同第三国的商品及其劳务交流。这一联盟的建立使得三国率先在欧洲实现了经济联合。虽然它只是政府间的合作，但还是极大地密切了彼此的经济联系，促进了三国经济的快速恢复与发展。而且也为战后西欧的联合进程起到了某种示范作用。荷比卢经济联盟的建立过程，同时也是三国利益、矛盾不断妥协的过程。三国间无可避免地存在着差异和分歧，但是它们能够通过协商、谈判的方式来化解彼此间的矛盾和分歧，达成一致，并最终建立了经济联盟。这种协商机制和合作方式也被后来的西欧一体化进程所借鉴，并取得了明显的效果。荷、比、卢三国先经济后政治的合作路径被实践证明是一种务实的选择，西欧的联合也因此率先从经济领域取得了突破。经济联盟建立后，荷比卢作为一个经济联盟实体在国际组织和国际机构中采取共同立场，在国际会议中以一个声音说话，表现出一致的态度，经济上的联系加强成为了政治上的"黏合剂"。"这个时候荷比卢三国由于在国际会议上表现了一致态度而具有一种外表形象，使人们把他们看作是一个经济实体。在当时分裂的欧洲，他们的行动成了别国的刺激因素。"[1]

在实践经济联合的过程中，荷、比、卢三国设法为人员、物资的跨国流动提供便利，并探索建立共同市场、关税联盟，继而形成了行之有效的方法和制度。三国间从建立关税同盟，加强经济协作，到实现全面的经济联合，这些方法和制度后来被充分借鉴到欧洲一体化进程的诸多领域。可以说，荷、比、卢的经济联合并不仅限于构造了一个国际组织，事实上它们扮演了先行者的角色，以小型规模的互动经验为大型国际机制的合作提供了榜样。[2] 所以说，荷比卢经济联盟的建立是欧洲建设道路上一块重要的

---

[1] ［意］卡洛·M. 奇拉波：《欧洲经济史》（第6卷上册），商务印书馆，1991年版，第48页。

[2] 李源：《西欧小国的"功能型中心"现象研究》，《欧洲研究》，2016年第3期。

里程碑，它的影响是重大的、深远的。尽管，荷比卢经济联盟的实现目标是以政府间准则进行的，并不是超国家原则，但在西欧一体化方面，三国已走在共同体前面，为之后欧洲共同体的建立起到了重要的先导作用。

下篇

进程

一、煤钢共同体的诞生

战后初期的形势表明,传统上通过压制和限制德国的发展来最终维护法国的安全、确立法国在欧洲大国地位的政策难以为继。因此,法国必须找到一个既能维护法国的国家利益,又能得到美英的支持,并且能被即将成立的西德国家所接受的对德政策。

1950年5月9日,法国外长罗贝尔·舒曼在记者招待会上表示[①]:"德国无条件投降已将近五年,今天法国决定在欧洲建设方面,在与德国建立伙伴关系方面,采取第一个决定性的行动。其后果将使欧洲形势发生根本性的变化。"舒曼说:"二十多年来,法兰西一直是欧洲统一思想的捍卫者,它总是以维护和平为主要目标。当欧洲没有统一时,我们便发生战争。"但"欧洲并不是一下子就能实现统一的,而必须进行具体的,首先是通过切实的团结工作来实现。要使欧洲国家统一起来,必须结束长达百年之久的法德间的冲突,着手进行这项工作时首先要考虑到法

---

① [法]皮埃尔·热尔贝:《欧洲统一的历史与现实》,中国社会科学出版社,1989年版,第102页。

国和德国。"随后舒曼提出:"法国政府建议把法德两国全部的煤钢生产置于一个共同的高级机构管理之下,并将其纳入一个其他欧洲国家都可以加入的组织之中。共同管理煤钢生产,将作为欧洲联邦第一阶段经济发展的共同基础而迅速建立起来,进而改变这些长期以来专心于制造战争武器、而又一再成为武器的牺牲品的地区的命运。如此建立起来的生产上的连带责任将会表明,法德两国之间的一切战争不仅将是难以想象的,而且实际上也是不可能的。"同时,对于高级机构的性质,声明也做了明确的规定:"负责整个制度运转的共同高级机构,将由各国政府在平等原则的基础上由指定人士组成。主席将由各国政府根据共同协议选定。机构的决定在法国、联邦德国和其他参加国具有执行效力。"这就是著名的"舒曼计划"。

  作为西德总理的阿登纳认识到,由于历史的沉重负担,西德要恢复主权和平等,只能在欧洲联合一体化的框架内,接受对主权和自由的某些限制才能实现。而且,战后初期的德国还远未摆脱受歧视受压制的地位(实际上当时它还没有恢复对鲁尔区和萨尔区的主权),所以对西德来说,在欧洲超国家机构中接受对主权的某些限制,并不像其他国家那样是一种牺牲,反而可以换得其他国家与它在同等地位上也接受对主权的一定限制。所以,当法国外长不再对联邦德国采取怀疑政策,而是建议两国进行密切合作时,阿登纳立刻做出积极回应,[①] 称舒曼计划是"针对

---

  ① [德]康拉德·阿登纳:《阿登纳回忆录》,上海译文出版社,1976年版,第378页。

德国和欧洲问题所采取的一项宽宏大量的步骤","是德法关系的一个非常重大的发展","为今后消除法德之间的一切争端创造了一个真正的前提"。舒曼计划的设想使得对德国煤钢工业的国际控制,变为有德国平等参加的、对有关国家的煤钢工业的共同控制;使得对德国工业主权的单方面限制,变为对法德及其他参加国在煤钢工业方面主权的共同限制。无论如何,这都是西德在恢复主权和平等方面的收获。而且这项计划也完全符合阿登纳长久以来所主张的、关于欧洲基础工业共同体的设想,所以联邦德国立即表示赞同。

在荷、比、卢三国,舒曼计划也受到了热烈欢迎。低地国家作为积极的欧洲联邦主义者,一直相信只有通过欧洲联邦这条道路,才能彻底摒弃欧洲各民族国家之间的利益冲突与斗争,从而实现欧洲的永久和平。而将联邦德国纳入到欧洲联邦组织中,使得联邦德国成为平等一员,这正是三国所期望的,也是他们认为能够解决德国问题的唯一方式。更重要的,荷比卢同为欧洲小国,国内市场狭小,建立共同市场符合其经济利益的发展要求。因此,在法国外长提出欧洲煤钢共同体计划之后,荷比卢是积极支持的。只是作为小国,它们都担心共同体为大国所操控,最终沦为大国谋求自身利益的工具,从而严重损害小国的利益。所以,在共同体机构的谈判协商过程中,荷、比、卢三国提出了同意加入的先决条件,要求在共同体机构中设立一个与之相平行的,代表各国政府的机构。荷比卢的要求最终被接受,部长理事会成为协调各国政府行动的机构。

1951年4月18日，法国、联邦德国、荷兰、比利时、卢森堡和意大利六国代表，在巴黎签订了根据舒曼计划制订的《欧洲煤钢共同体条约》。共同体由高级机构、部长理事会、共同体议会、法院等机构组成。条约对共同体各机构的权力做了明确规定[1]：其中高级机构是最高权力机构，负责做出决议和提出建议，但不包办代替，各企业的经营管理仍由自己负责。高级机构由九名委员组成，每个成员国不得超过两名。高级机构委员应为共同体的一般利益完全独立地执行他们的职务，他们不受成员国政府约束，不请求亦不接受任何政府或任何组织的指示。他们避免做出超出他们职务与国家性质相抵触的任何行为。各成员国承担尊重此项超国家性质，并且决不要对高级机构委员在执行其任务时施加影响。高级机构有权决定共同体的生产规模、资源分配、价格制定和税收等，它还有权对共同体生产征收最高不超过1%的税收，作为它自己的预算收入，用于社会福利、生产投资借贷等。高级机构的决定对成员国具有约束效力。部长理事会是应荷、比、卢三国的要求设立的，它由成员国各派一人组成，分别代表着各成员国政府。它的职责是协调高级机构与各成员国政府之间的关系，并充当高级机构的咨询机构。此外还设立了对高级机构进行监督的共同体议会和进行仲裁的法院。共同体议会通过民主方式对高级机构实行监督，并有权以多数通过弹劾案解散高级机构。法院由六名法官组成，任期六年，其任命须经六国一致同意。从其机构设置上看，煤钢

---

[1] 《国际条约集（1950—1952）》，世界知识出版社，1959年版，第193页。

共同体是沿着超国家治理的方向努力的。

《巴黎条约》的签署离不开一些关键人物。首先就是时任法国外长的罗贝尔·舒曼。舒曼的父亲生于法德边界的洛林地区，初为法国公民，1870年普法战争后成为德国公民。1886年出生的舒曼出生时为德国籍，1919年随着洛林的易手而转为法国籍。他先后在德国和法德交界的斯特拉斯堡等地就学。长期在法德边境的生活经历和世界大战的残酷教训，使他从政后成为一位积极的欧洲联邦主义者，希望通过自己的努力结束法德两国的战斗。为此，他认为"必须彻底肃清俾斯麦的所谓法德历史上就是宿敌，将来仍将是敌人的思想流毒"。两次世界大战期间，舒曼积极支持白里安的政策思想；在二战期间，他一直在设想如何在一个统一的欧洲内实现法德和解。1948年继任法国外交部长后，舒曼开始把德国问题当作他的对外政策核心，设想在统一的欧洲范围内实现法德和解。他明确指出："要在和平的欧洲合作框架中来解决德国问题。"这就需要一种积极而长远的解决办法——建立一种有机的结构，既能实现包括德国在内的所有欧洲国家的永久和解，又能够在西德复兴并重新武装的同时，确保其不致再度危害欧洲的和平与安全。

第二位关键人物是主持拟定舒曼计划的让·莫内。莫内是法国著名经济学家、政治活动家，也是一位积极的欧洲联邦主义者。战后任法国现代化和设备计划总专员，负责经济恢复和重建工作。让·莫内1888年出生于法国一个富裕的酒商家庭，16岁开始帮助家族经营酒业生意。长期的从商经历让他认识到了消除贸易壁垒，实现经济一体化的重要性。两次世界大战期间,莫内担任国际联盟副秘书长,参与解决了包括波德边界问题在内的一系列中欧地区问题。"在整个工作实践过程中,他都在寻求实现孕育在他个人脑海里的伟大思想。为了和平就需要在有限的环境中,为创造国际合作的条件而努力。"①

二战期间,莫内长期负责为盟国筹措军需物资,经常穿梭于英、美、法各国政府之间进行谈判和斡旋,由此积累了丰富的经济合作经验。战时盟国之间的经济合作正式开始于1941年3月美国国会通过的《租借法案》。在整个战争期间,英、苏等38个反法西斯同盟国家接受了总计500多亿美元的美国租借援助。该法案第七条规定:作为回报,受援国应向美国提供实际利益,包括通过适当的内外措施在发展生产、雇工、商品交换和销售方面"提供一致行动",承担"取消国际间一切歧视待遇,降低关税及其他贸易障碍的义务",以实现世界性的"自由贸易"。②可见,《租借法案》的实施,并非美国对其他国家的单方面援助,而更应看作是一种经济合作关系。正是这种经济合作,使战时盟国之间出现了某种程度的经济一体化,即美国输出大量机器和设备,英、苏等国则用以自己生产军火。这样的经济合作模式带给了莫内以重要启示,他从中看到了实现欧洲联邦的可行途径——首先从经济一体化着手。到了战争后期,莫内开始同一些联邦主义者讨论建立欧洲关税同盟和经济同盟的问题。1945年夏初,莫内在美

---

① [意]玛利亚·梅吉奥尼:《欧洲统一贤哲之梦》,世界知识出版社,2004年版,第179页。

② 杨生茂:《美国外交政策史》,人民出版社,1991年版,第419页。

国《幸福》杂志发表文章，提出了自己的具体设想——把鲁尔的煤钢资源交付一个由各国（包括被解除了武装的德国在内）参加的欧洲权力机构领导和管理。他认为"此举将导致欧洲的统一，但不仅仅是在合作中的统一，而是在通过把欧洲各国人民所同意的部分主权转移到一种类似中央联盟的形式中去求得统一。这个联盟将有能力打破欧洲各国之间的关税壁垒，建立巨大的欧洲市场，防止各种民族主义势力重新抬头"。应该说，莫内的经历使他倾向于从西欧经济统一方面考虑问题。但战后美苏冷战和联邦德国走向复兴的现实，最终使他把推进西欧经济统一与解决德国问题结合起来，拟订了"舒曼计划"。

让·莫内的计划以"煤"和"钢"这两个经济领域的基础工业部门作为通向法德和解、欧洲联合的突破口，最首要的原因是法国人担忧，一旦德国恢复了元气就会进攻法国。那么，如何在德国重新崛起不可避免的情况下，有效地限制德国以保证西欧和平？只有把法德两国的利益融合在一起，以此来消除德国的战争威胁。煤炭作为战后"工业的食粮"，是最主要的能源；钢铁则是军工生产的主要原料。所以，重整军备首先总是在煤和钢铁的增产过程中显露端倪。如果法德实行煤钢基础工业的一体化，由超国家的机构施行管理，那么"两国中的任何一国都能觉察到对方重整军备的初步迹象"，"将改变这个地区长期从事武器制造使它不断沦为武器牺牲品这一命运"，使将来法德之间发生的"战争成为不可想象，而且在物质上也不可能"。这对法国将起着极大的安定人心的效果，同时也有利于消除两国之间的隔阂和戒备之心，并为两国结束世仇、进入永久和平迈开最初一步。舒曼计划正是以煤钢工业为突破口，在一体化的框架内为法德和解找到了一条切实可行的道路。因此，煤钢共同体条约的缔结，最终结束了两国人民过去由于互相不信任、竞争和利己主义所造成的彼此一再兵戎相见的状态。不仅如此，煤钢工业既可以服务于军事，又是国民经济的基础部门，而基础工业的一体化使各成员国的经济出现了你中有我、我中有你的局面。此后，各国的经济发展不再是只取决于本国的情况了，它们还要受制于共同体。这种共同的经济关系是各成员国发展国家之间关系的最有效的凝结剂，同时它使法德和解、合作变得更坚定、更牢固。

其次，纵观法德两国长期冲突的历史，"误会最多""最容易犯旧错误"的问题就集中在两国交界的煤钢工业发达的三角地带。尤其是对于矿藏丰富的阿尔萨斯—洛林地区的争夺，300多年来在法德之间不断引起纠纷和仇恨。追本溯源，这一地区最早都是法兰克王国的领土，在查理曼帝国分裂后，阿尔萨斯归属西法兰克王国，洛林归属东法兰克王国，后来又都归于神圣罗马帝国的统治之下。直到17世纪上半叶的三十年战争爆发，法国通过《威斯特伐利亚和约》夺取了这一地区。此后200多年的统治使得阿尔萨斯—洛林地区逐渐产生了对法国的政治认同。1870年，俾斯麦通过普法战争统一了四分五裂的德意志，并以战胜国的身份迫使法国割让了阿尔萨斯和洛林。法德关系因此益发敌对。收复阿尔萨斯—洛林成为第一次世界大战中法国对德作战的目的之一。一战结束后，根据《凡尔赛和约》，德国又被迫将阿尔萨斯—洛林归还法国，法国虽然收回失地，但两国矛盾进一步加深。二战期间，德国根据1940年的《停战协定》又收回了阿尔萨斯—洛林。但好景不长，二战结束后，德国战败，法国又一次收回失地。但德国是否会甘心永久性地放弃这一地区？法德持续300年的仇怨如何化解？让·莫内对此分析说：由于人为的国界划分和民族主义的形成，造成双方为了这一地区而进行激烈的冲突，任何一方失去这一地带就感到安全没有保证，于是发生了一次又一次的冲突和战争，而煤钢工业作为军事实力的关键问题又使冲突更加严重了。因此，实现对德国重工业的控制就成为消除对德国工业和军事实力的恐惧心理、实现法德和解合作、在欧洲框架内解决德国问题的关键和起点。①

再次，从战后的现实看，法德在煤钢资源争夺上矛盾依然尖锐。这突出表现在萨尔问题和鲁尔问题上。萨尔位于法德边境，紧邻阿尔萨斯—洛林地区，是欧洲第二大原煤出口地，也是德国重要的工业区。自1381年开始，萨尔地区成为神圣罗马帝国的领地，17世纪以后曾有过几次短暂的时期属于法国，居民绝大部分是德国人，主要的经济活动也是煤炭和钢铁工业。第一次世界大战后，法国曾取得萨尔煤矿的控制权，其领土则为国际联盟所管理，直到1935年通过萨尔地区全民公决交还给德国。二战后，法国以补偿自己的战争损失为由，主张萨尔在经济上与法国合并，在政治上要求其自成一州并与法国保持特殊关

---

① [法]让·莫内：《欧洲之父——莫内回忆录》，成都出版社，1993年版，第99页。

系。早在1945年7月，法国就着手在萨尔成立独立于法占区其余部分的行政机构。1945年12月，法国宣布没收萨尔的矿井。1946年1月，法国外交部长皮杜尔在法国制宪大会上首次提出法国政府解决萨尔问题的设想：萨尔的煤矿按照《凡尔赛条约》的规定已属于法国，它必须再次为法国所有，并列入法国的关税和货币区，以使双方的资源都能得到补充利用。法国军队将永久性驻扎在萨尔以确保这一协议的实施。1946年2月，法国照会同盟国，宣布法国准备使萨尔区脱离柏林管制委员会的管辖范围，将来也永远不受德国中央政府的管辖。同时，法国在照会的备忘录中阐述了萨尔政策的根本原则——使德国失去战争潜力，把萨尔并入法国的经济和货币体系中。

　　美英为了拉拢法国对抗苏联，在萨尔问题上同意接受法国的意见。1946年9月，美国国务卿贝尔纳斯表示："美国不能拒绝法国对萨尔区的要求。法国在70年中曾三次遭到德国的入侵。萨尔区的经济同法国的经济长期以来都是紧紧地联系在一起的。"[①] 1947年4月，美国再次发表声明支持法国的要求，在政治上把萨尔地区从德国分离出去，并通过关税并入法国的经济、财政体系内。与此同时，美、英、法三国政府就德国煤产量分配达成协议，并同意把萨尔的煤矿开发权交给法国。同年10月，法国操纵萨尔举行立宪会议选举，87%的投票者赞成萨尔和法国在经济上统一起来。于是，萨尔成立了一个和法国联合在

---

① ［德］康拉德·阿登纳：《阿登纳回忆录》，上海译文出版社，1976年版，第105页。

一起的"社会民主自治"国家。11月，萨尔议会通过宪法宣布萨尔在政治上脱离德国，与法国结成货币、关税同盟，其防务和外交由法国负责。美英在之后的外长会议上对于把萨尔的经济并入法国这一点表示认可。1948年4月，萨尔正式加入了法国经济联盟，它同德国之间的商业往来成为外贸活动。

1949年联邦德国政府成立后，开始要求萨尔回归。阿登纳总理声称，萨尔政府没有任何代表性。在法律上和语言文化上，萨尔都是德国的。1950年3月，法国与萨尔自治政府签订了《萨尔协定》，该协定制定了萨尔地区政治自治的法规和经济上隶属于法国的条款。这意味着萨尔的一百万德国人要从德国分离出去，萨尔的煤矿也要被夺走。联邦德国政府在《萨尔协定》签订的第二天就表示强烈的不满并对此抗议。萨尔问题使波恩和巴黎之间的关系在1950年春出现了恶化，萨尔问题遂成为欧洲政治中最敏感的问题。

鲁尔区位于德国西北部的英占区，也是德国的重工业基地，被称为"德国工业的心脏"，对整个德国工业来说意义极为重大。鲁尔区在战前集中了德国煤钢生产的2/3，机器和化工生产的1/4，金属器皿生产的1/2。因此，法国人认为，法兰西民族的生存安全之所以一再受到威胁，主要是由于德国重工业对法国的优势，而这种优势是与鲁尔工业区紧密相联的。对于法国人来说，"鲁尔工业区远远不只是一个工业区，它是德国力量的象征，也是让法国人丧失勇气的根源"。① 据此，早在 1944 年 8 月，法国临时政府就制定了战后"肢解"德国，将鲁尔区从德国永久分离出去的战略方针。然而，苏、美、英三大国都不支持法国的鲁尔政策。1944 年底戴高乐首先向斯大林正式介绍了他的计划，但斯大林告诉他，移动边界、把几个省分离出去，不是最好的解决办法。随后，戴高乐又派代表去美国争取支持，结果也遭到冷遇。美国指出，在核战争已经成为战争的决定性力量的今天，希望控制鲁尔区来取得任何形式的安全，无异于追求梦幻。与此同时，法国的鲁尔政策也遭到了英国的反对。英国的工党政府认为，最好的办法不是把鲁尔和莱茵区从德国分离出去，而是使鲁尔工业区社会化。1946 年 7 月，英国宣布将占领区内的鲁尔与其周围小工业和农业地区合并成立一个新的州——北莱茵—威斯特法伦州。这表明英国不打算接受法国分离鲁尔的方案。1946 年 9 月，美国国务卿贝尔纳斯在德国发表讲话，第一次全面阐述了美国对德政策。他说："凡是对无可争议的属于德国的地区提出的任何要求，美国将不予支持；凡不是出于当地居民自己的要求而想脱离德国的地区，美国也不予支持。据美国所知，鲁尔区和莱茵州的居民仍然希望与德国的其余地区联合在一起，美国将不违背这一愿望。……美国决不同意利用管制使鲁尔区和莱茵州屈服于任一外国势力的政治统治或阴谋。"②

由于得不到三大国的支持，法国不得不在鲁尔问题上

---

① 惠一鸣：《舒曼计划性质考》，《史学集刊》，1999 年第 1 期。
② ［德］康拉德·阿登纳：《阿登纳回忆录》（第一卷），上海人民出版社，1976 年版，第 105 页。

做出妥协。进入 1947 年后，法国开始将分离鲁尔问题的重点转向经济领域，但这一想法也由于国际形势的变化而遭遇挫折。由于冷战的爆发，美国为了对抗苏联而希望德国西占区，尤其是鲁尔能在西欧的复兴中发挥更大的作用。为了实现这一目标，美国不仅与英国一起迫使法国接受了新的双占区工业水平计划，还说服英国改组了鲁尔煤钢工业，并将这些工业的经营管理交还到德国工业家手中。而法国自身在共产主义和经济危机的双重压力下，1947 年下半年也开始加速向美国靠拢。1948 年底，英、美、法、荷、比、卢六国达成协议，宣布设立"鲁尔问题国际管制局"，并制定了对鲁尔实行国际管制的《鲁尔国际管制条约》。根据法规，鲁尔国际管制机构的职能主要是根据德国和欧洲国家的需要分配鲁尔煤钢，促进欧洲复兴。但在行使这项权力时，它必须同有关占领当局协商，以使管制机构的决定同需要提交欧洲经济合作组织的建议相协调。另外，法国将参加的英美煤钢计划，负责监督指导鲁尔的煤钢工业，包括生产、投资、开发和其他有关经营权的问题。在适当时候其权力将移交给管制机构、军事安全局或其他国际机构。1949 年 4 月，"鲁尔国际管制机构"正式成立。

  法国与英美在鲁尔问题上达成了暂时的妥协，但鲁尔问题并没能从根本上解决。《鲁尔国际管制条约》只针对鲁尔工业建立国际管制，这本身就是对德国的歧视。尽管新成立的西德政府也参加了对鲁尔的国际管制，但这种只对德国工业心脏实行国际控制而不涉及其他国家的类似规定，联邦德国是不满意的。阿登纳认为："不能让鲁尔区去适应欧洲的利益,而对欧洲的其他煤铁产区则不加触动。要成立管理机构就成立同一类型的机构来管理法国和比利时的工业。"① 而法国对《鲁尔国际管制条约》也并不完全满意。它担心随着联邦德国主权的恢复和经济的复兴,对鲁尔的国际控制会丧失,自己会得不到所需要的鲁尔炼焦煤。让·莫内指出,"欧洲各国如果只在民族独立的基础上重建各自政府,强权政治和经济保护主义就会重新抬头,欧洲便无和平可言。欧洲各国如果都以邻为壑,那么就又必将要重建大规模的军队,某些国家通过未来和平条约可以这么做,而有些国家却被禁止。1919年我们体验过这种歧视,并对其后果有充分的认识。社会改革将因为沉重的军事开支受阻或被迫推迟,整个欧洲大陆将又一次在忧虑中重建。"②

很显然,法国人也意识到,从长远看,把鲁尔当作特殊情况来处理是行不通的。为了使国际管制鲁尔在对德占领终止后能继续下去,应把它变为更普遍的国际化计划的一部分。换句话说,鲁尔国际管制机构不应是一个特殊的制度,而应是对基础工业所作的第一项实验,可以把它普遍应用于欧洲所有的基础工业。西欧的财富必须联合起来,必须选择一项基础工业作为打破国家界限和国家主权旧概念的范例。而选择煤钢工业来完成这一步,是因为在德国和其他欧洲国家公众的心目中,鲁尔工业是与战争潜

---

① [德]康拉德·阿登纳:《阿登纳回忆录》(第一卷),上海人民出版社,1976年版,第31页。

② [法]让·莫内:《欧洲之父——莫内回忆录》,成都出版社,1993年版,第10页。

力联系在一起的。总之，以压制、歧视德国的思路是无法从根本上解决鲁尔问题的。只有对西欧煤钢工业实行一体化，才能成功解决鲁尔问题。

综上所述，法德矛盾的焦点不管是阿尔萨斯—洛林问题还是鲁尔问题和萨尔问题，实际上都是对煤炭和钢铁资源的争夺问题。让·莫内认为，德国问题的症结在于，德国担心盟国的监督长期下去，会使德国长期处于屈辱地位；而法国则担心德国一旦强大，别人就更难驾驭。瓜分德国的野心是建筑在战胜国暂时的优势基础上的，这已经过时了。如果放弃战胜国统治他人的想法来研究主权问题，战胜国与战败国共同达成协议，联合经营共同的天然资源，"既可以剥夺一方的特权地位，又可以为另一方消除战争的威胁，使两国进入和平年代"。法德两国的联系就会牢固，合作前景就会十分广阔。因此消除这一矛盾的关键就在于，把以前彼此相互争夺的煤钢变成彼此共同享有、共同受益的财富，实现真正的联合，彼此互相监督以达到避免发生战争的目的。这就是说，要对德国工业建立国际控制以消除战争的恐惧，法国也必须接受类似的控制；要限制德国的主权，法国也必须在主权方面做出类似的牺牲。而且莫内认为，"为能达到预想的结果，应事先创造一个新的局面，把法德问题改成一个欧洲问题。"因为欧洲的旗帜有助于在心理上缓解法国民众对德国的恐惧感。只要法国能消除对德国工业优势的恐惧心理，法德和解的最大障碍也就消除了。说到底，让·莫内的计划就是把德国工业从战败国被歧视的地位中解脱出来，同时在欧洲的旗帜下把法国工业与德国工业联系在一起。这样，既能在德国变得强大之前将其束缚住，同时也无损法国的民族感情。事实也证明，欧洲煤钢共同体确实成功解决了法德的矛盾。1951年《欧洲煤钢共同体条约》签订后，萨尔问题在很大程度上失去意义，鲁尔管制局也因失去作用而宣告解散。随着萨尔问题和鲁尔问题的解决，造成双方紧张的直接因素消除，法德关系得到根本性调整。

当然，舒曼计划选择了煤钢这一特定领域，以欧洲煤钢共同体的创立作为欧洲一体化的起点，通常被认为还受到了功能主义理论的影响。这一理论主要是通过研究现代国家、政府和社会组织职能任务的变化与联系，来论证减少国际冲突、增进国际合作、实现一体化的必要性和可能的途径。欧洲煤钢共同体的建立就体现了功能一体化的主张。

1943年，英国学者戴维·米特兰尼在《一种运行中的和平体制》中，提出了统一欧洲乃至整个世界的和平方案。他认为在国家间通常有三种途径可避免战争，达到和平。一是成立国家联盟；二是建立地区性的联邦体系；三是通过功能合作途径来建立和平。米特兰尼更青睐第三种。功能性合作，就是建立一个基于解决"共同性问题"所需要的"与国际性问题相一致的"世界政府。在他看来，国家间联盟的组织形式太松散难以完成这一使命，而区域化联邦又过于紧密而难以真正实现。因此，必须敢于冲破旧有的法律观念并尝试新的能和平实现既定目标的方法，即功能主义的方法。他认为只有功能主义的方法才能避免国际性机构过于松散、区域联邦组织过于紧密的弊端，同时又能在公共生活的某些领域建立广泛而稳定的权威。米特兰尼将一体化看作一个过程，在他看来，一体化的目的并不在于建立一个什么样的机构或状态，而是人们在追求福利的过程中，不断使社会的或经济的机构适应人们正在兴起的、已经变化的或正在消失的需求。一体化所追求的是一个和平的体系，一个不存在战争的全球共同体，就是要通过建立一种国家间的相互依存的网状结构，通过解决一系列社会和经济问题来铲除导致国家间冲突的根源。米特兰尼功能主义的着眼点，主要不是为欧洲的发展设计方案，而是从全球的角度探讨新时代国家间关系的发展趋势，即如何超越国际关系的主权国家体系。米特兰尼提出的一些建设性思想旨在把各国引向合作，以便在全球基础上创立和维持一个可运转的和平体系。

对于欧洲或国际一体化进程的现实动力，功能主义认为是来自于国际问题的超国家特征，即国际间合作的自动扩张。所谓"合作自动扩张"，指的是某一部门或领域的功能合作会有助于其他部门或领域的合作，抑或是说一个部门或领域的合作是另一部门或领域合作的结果，同时也是另一部门或领域合作的动因。米特兰尼认为，20世纪国际事务的复杂化以及更多的挑战，只能通过跨国合作才能解决。而国际水平上的功能化组织的形成就取决于超国家问题的需要。也可以理解为这种功能化体制的构建是民族国家面临有关超国家问题时的开放的政策选择。这就是说，这些组织将根据如何满足不同领域的实践需要而设计。比如，国家间经济合作的需要产生了共同的经济组织，而由这种经济组织运行引发的各种问题，也需要国际的而不是国家层次上的行动，这必然又推动各国在诸如价格、投资、税率、银行等方面的功能合作。又比如，铁路与航空交通设施的需要导致跨国界的组织。同样，这种交通可能引起的疾病传播也需要国际的而不是国家层次上的行动。民族国家的局限要求能够超越其管理范围的协调。正是这些超国家层次的问题产生了跨国协调的需要，民族国家可以满足解决这些跨国难题的需要并建立相应的功能化组织。

早期功能主义理论将功能性合作看作一体化的起点。米特兰尼主张建立功能性的国际组织，认为组织的结构随功能而定。他的功能主义思想深深地影响了让·莫内和罗伯特·舒曼等欧洲联盟的主要奠基人。他们在战后欧洲一体化的蓝图中选择了一个特定领域——煤钢，以图鼓励其他领域。从某一具体的方面着手，逐步渐进以期最后达到目的，这就是所谓"功能主义"方式。即主张在立即可以获得物质利益的某些特殊和有限制的经济领域内，而不是一下子在全部经济领域内，各国协议采取某些具体步骤，交出部分国家主权，建立超国家机构，实现经济联合，以逐步地最终走向统一。建立欧洲煤钢共同体即是这种做法。这实际上是把一体化视为一个过程，强调从各成员国的共同利益出发，寻求在某些特定领域的合作，通过自下而上的过程，一体化才有可能自下而上逐渐完成，公众对一体化的态度也才会日趋积极。这一关于功能性合作会自动扩张而有利于一体化完成的观念，对战后欧洲一体化的进程产生了重要的影响。

对于一体化进程中如何克服国家主权障碍问题，功能化方法主张将政治的与技术的因素明确区分开来，让经济和社会活动恢复其实际性工作的本来面目，而不是给予它们"民族利益""民族荣誉"等意识形态色彩使之变得更复杂，以此将功能非政治化从而不触及政治主权问题。这样，在一个国家的范围内，民族国家的职能将逐步让位于功能性国际组织，特别是功能性的利益集团，国家走向非政治化。在国际的范围内，主权国家的作用在逐步削弱，功能性国际组织的作用在不断加强。因此，米特兰尼主张的一体化的最终结果，是按照功能分别组织起来的技术化管理的国际社会。国家将被挖空其政治权力和导致民族冲突的身份认同，但这并不意味着要消除主权国家的所有权力去实现一个统一的政治联盟，而是允许它们保持其权威以在较小的范围内实现相应的管理与服务职责。如米特兰尼所说，"主权的内容和形式可以通过不明显的和部分的权力转移至更为有效的国际组织而受到限制，因为它们不触及大量小国家因此保持其独立地位的基础性原则。……也就是说，国家平等这一最神圣和不容侵犯的国际原则，也许可以通过这种既能让其交出部分权力又不直接剥夺其主权的功能化安排而被最终削弱。"[①] 最终，原有的基于意识形态和区域的政治划分观念将被一个技术化社会——满足世界人民需要的国际市民社会——所取代。

功能主义强调技术领域的合作，也就是社会、经济、福利等低级政治领域的合作。因为解决技术问题需要技术专家们不涉及政治或冲突内容的合作行动，技术专家们也

---

① 郇庆治、胡瑾：《联邦主义与功能主义之争：欧洲早期政治一体化理论》，《欧洲》，1999年第6期。

会选择与政治、军事这些国家间的高级政治无关的解决方案，因而更容易根据普遍意愿达成共识。而且工作性机构安排能够带来信任与耐心，也比较容易在手段和目标上达成一致。所以，米特兰尼认为，国家间和国家内部的问题需要大量受过特殊专业训练的专家。比较之下，防务和外交政策等领域就不宜作为国际合作和一体化的起点，因为政治和军事领域与敏感的国家主权间的联系更紧密。任何政治性计划都会导致争论，而比较敏感和容易引起争论的政治问题，彼此间不容易达成协议，不宜作为国际合作的基础。尽管法、德在煤钢领域矛盾最多，误会最深，但这两个部门也是最容易联合的，因为法德两国的工业垄断资本早已在这两个部门互相渗透了。例如，在萨尔地区的主要钢铁企业大都为德、法资本共同控制。又如，德国蒂森钢铁股份公司就建立在德法边境的阿尔萨斯—洛林附近，与法国也有着天然的联系。所以莫内认为，"功能主义道路比激进的联邦主义战士所捍卫的宪法草案更加实际、更加具体"。[①]

　　美国对舒曼计划的产生和实施也起到了重要的推动和支持作用。随着东西方冷战的加剧，美国需要加强西方联盟的遏制力量。但华盛顿认为1947—1949年间欧洲各国迈向一体化的前进步伐太慢。1949年10月，美国负责马歇尔计划的经济合作署官员建议欧洲经济合作组织建立某些超国家机构，以加快一体化的步伐。1950年3月，国务

---

　　① ［法］让·莫内：《欧洲之父——莫内回忆录》，国际文化出版公司，1989年版，第84页。

卿艾奇逊在国务院的一次高级官员会议上指出，1947年以来的两年已经采取了一些有力的步骤，包括马歇尔演说、欧洲复兴计划的制定、北约的发展和西德政府的建立，这些都是前进的步骤。这些步骤推动了西方事业的发展，但现在它们似乎失去了势头，因此有必要"寻找某种新的想法或新的步骤来恢复主动性"。

在执行马歇尔计划期间，美国意识到英国的经济战略使它不可能挑起主导西欧的重任，而接纳联邦德国作为西方联盟一员的关键在于法国。因此，美国政府在继续催促西欧加速一体化步伐的同时，也开始寻求法国作为西欧联合道路上的带头人。1949年10月，美国国务卿艾奇逊告诫欧洲人："在联邦德国的一些事件中有迹象表明一个熟悉而又危险的、极端而又嚣张的民族主义的复活又要重新返回欧洲。""如果不把德国的精力、能量以一体化的方式融入西欧各国内，使其成为欧洲内的一个整体力量，那么这种危险的民族主义的复活趋势会继续加强，而抑制和扭转这种危险趋势的时间又为期不远了。换句话说，我们已没有多少时间来阻止德国民族主义的复活，法国必须率先行动并且要迅速而又果断。"他对法国外长舒曼说："现在时刻到了，即要担起领导责任，创造条件把联邦德国迅速而果断地推向欧洲一体化。"

在美国人看来，只有法国同意给联邦德国在政治事务中更多的独立自主权，并带头引导德国加入一切与其相关而又适当的国际性组织中去，才不会使德国国内民主主义者的力量削弱、极端民族主义势力和极权主义势力增强，不会最终导致苏联在欧洲的影响扩大。所以艾奇逊认为欧洲国家应尽早在建立超国家机构日程表的目标和承担义务问题上做出决定。但如果西欧国家不涉及某些主权的合并，将不符合时代的需要。艾奇逊给国务院和经济合作署的指示是不要亲自上阵，就一体化机构的确切性质和范围发表意见。当前紧迫任务是加强现有的联系，支持和鼓励在经济合作发展组织督促下采取积极行动，履行互相援助的诺言。与此同时，支持和鼓励法国采取主动，谋求法德谅解，以此作为逐步实行一体化的先决条件。1949年10月底，美国经济合作署署长保尔·霍夫曼在巴黎向欧洲经济合作组织理事会发表演讲时再次提出要求："到1950年初，你们要订出一个计划和做出一定的成绩。这两件工作将能使欧洲沿着经济一体化的道路前进。"

与此同时，美国政府内部就如何加速西欧一体化和加快复兴联邦德国问题，也进行了多方面的研究。1950年2月1日，美国国务院德国事务局开会讨论德国与西欧一体化问题。主管欧洲事务的助理国务卿帕金斯在会上说："德国问题的解决也许是一条通往欧洲一体化的道路。"他认为比、荷、卢三国对德国人是现实的，最好使它们以及其他欧洲国家能从德国以及德国与欧洲的关系方面来考虑问题。2月11日，德国事务局为国务卿艾奇逊准备了一份题为《欧洲环境中的德国》的备忘录，提出了把德国问题结合到西欧统一体中解决的方法。5月2日，参谋长联席会议在一份关于美国对德政策的文件中指出："从军事观点看，适当而早日武装联邦德国对于保卫西欧和对付苏联有着根本的重要的意义"，所以应使联邦德国尽早有实实在在的机会参加西欧和北大西洋的地区性安排。参谋长联席会议建议美国政府，要使西欧国家尤其是法国认识到改变目前对联邦德国的解除武装和非军事化政策、使联邦德国对西欧安全做出有效贡献的必要性。

1950年4月，艾奇逊向巴黎发出照会，要求法国政府明确它对于联邦德国被纳入欧洲的立场。因为美、英、法三国外长会议将于5月在伦敦召开，会上将对西方政策特别是联邦德国问题做出决定。法国政府担心届时盟国将再次放松对德国钢铁生产的限制，于是决定接受美国的要求，主动承担提出方案的责任。1950年5月9日，法国提出了舒曼计划。第二天，艾奇逊发表声明称舒曼计划是促进法德和解、推动西欧经济一体化的一个重要的事态发展，并称这是美国政府长期以来所支持的目标，表示美国政府将"以同情和赞赏的心情来认识法国这个倡议的重大和深远的意图"。[1]杜鲁门后来也表示，美国欢迎"这一具有建设性的、政治家远见"的行为，同时赞扬舒曼计划"为法、德之间建立起一个全新的关系提供了基础，并为欧洲开辟了新的前景"。总体上说，美国几乎是全面赞成的。舒曼计划被认为是走向统一的欧洲市场和欧洲联邦的第一步。法国与联邦德国和解即将实现，法国将不再阻碍联邦德国振兴，美国政策的基本目标之一将随着西欧的牢固建立而得到实现。曾任荷兰外交大臣的范·德·博伊格尔认为，舒曼计划与当时的美国对欧政策有四点是相吻合的，即欧洲建立一个大规模的单一市场、吸收新主权国家

---

[1] [美]迪恩·艾奇逊：《艾奇逊回忆录》，上海译文出版社，1978年版，第242页。

联邦德国进入正在走向统一的欧洲、取得法德间的和解以及倡导欧洲统一的联邦原则。

此外，法国选择煤和钢作为与德和解的突破口也有美国的因素。早在马歇尔计划执行前，美国国务院对如何处理鲁尔地区的煤和钢就进行过广泛的讨论。国务院政策计划署在谈到对马歇尔计划的构想时，曾明确表示正在寻找一个合适的领域，在该领域内可以采取不偏不倚的行动执行援助计划。政策计划署认为最可能的合适领域就是鲁尔地区，美国要尽可能地帮助欧洲国家恢复鲁尔地区煤的生产能力，因为这对于整个西欧的复兴是不可或缺的。在这种背景下，法国提出舒曼计划正好符合美国的意愿。当然，美国商业界也担心未来的共同市场是一个"钢铁卡特尔"，这将增加美国对欧洲钢铁出口的困难。然而，正像法国历史学家热尔贝所说，对美国政府来说利远远大于弊，因为"一个强大的欧洲对于更好的维护西方阵营的安全是必不可少的"。[①]

1950年6月2日，艾奇逊向驻欧使节发出国务院和经济合作署的联合指示，要求驻欧使节在处理舒曼计划时持欢迎态度，为了保证使欧洲绝大多数人能够接受这个计划，应当继续由欧洲国家政府主动地去发展这个计划。从法德关系和解的角度来看，欧洲主动行动和承担责任是最大限度地取得政治利益的必要条件。因此，不应再公开发表有关美国立场或态度的声明，除了重申已经发表过的一

---

① ［法］彼埃尔·热尔贝：《欧洲统一的历史与现实》，中国社会科学出版社，1989年版，第104页。

般看法，也不要向欧洲国家政府就如何具体实施计划正式提出美国的建议。但与此同时，美国政府建议密切注视计划的发展，谋求与法国和德国做出非正式安排，使美国驻法和驻德使节可以详细地、经常地了解最新的谈判进展情况，包括谈判中提出的工作文件和草案。所以，美国虽然没有直接参加在巴黎举行的建立欧洲煤钢共同体的磋商谈判，但它对谈判的影响却起到了决定性的作用。

法德两国谈判的焦点集中在对德国煤炭企业的卡特尔化问题上。法国担心德国的企业发展壮大后垄断欧洲的煤炭销售。因此要求德国做出承诺，保证煤炭企业非卡特尔化和非集中化，并制定反卡特尔条款。但是德国在此问题上态度强硬，坚持将视情况决定是否卡特尔化。两国互不相让，谈判一度陷入僵局。1950年11月初，法国认为"整个谈判可能破裂"，于是请求美国出面斡旋。美国分析了两国的立场后认为，只要复兴德国的目标不被打乱，可以对法国做出让步。因此对联邦德国施加压力，以帮助排除妨碍达成协议的障碍。11月6日，杜鲁门公开重申美国对舒曼计划的支持，希望谈判成功。1950年12月8日，艾奇逊致电驻法国、联邦德国等国使节，传达国务院和经济合作署对谈判中某些重要的未解决问题的态度，阐述美国的立场。强调美国不希望会议"采取措辞较弱的有关反卡特尔的条款"，不希望欧洲煤钢共同体"对共同体以外国家的贸易关系上搞贸易保护主义"，希望在任何时候都努力推进欧洲经济合作组织、关税及贸易总协定和国际货币基金组织等多边性机构的目标实现，希望开创自由贸易，形成一个广大的共同市场，不断提高生产率，建立起强大的出口能力。

在美国的努力之下，联邦德国最终做出让步，同意德国煤炭企业的非卡特尔化。1951年3月14日，美国驻德高级官员麦克洛伊与阿登纳达成协议，解决了法德争执不下的难题。一个月后，《欧洲煤钢共同体条约》在巴黎正式签订。一个由欧洲国家发起并主要涉及欧洲事务的计划，却需要美国的积极干预才能实现，对此，一位法国记者不胜感慨地说："只有美国才能领导德国人做出必要的让步。没有美国，法国对鲁尔非卡特尔化和非集中化的主张必定会继续遭到联邦共和国的拒绝。"[1]

《欧洲煤钢共同体条约》获西欧六国政府批准后，让·莫内被任命为高级机构的主席。1952年8月10日，高级机构在卢森堡成立，随即宣布条约生效，"欧洲煤钢共同体"诞生。1953年2月10日，莫内通过电台正式宣布："1953年2月10日开始，煤炭不再分什么德国的、比利时的、法国的、意大利的或卢森堡的了，属于共同体的煤可以在视作同一国度的我们六国之中自由流通。"[2] 这意味着煤炭共同市场开放了。3月15日，废铁共同市场也随之开放。5月1日，钢共同市场开放。1954年8月1日，特种钢共同市场开放。至此，在六国范围内基本取消了关税和产品数量限制，任何一位客户都可以在共同体范围内自由选购物美价廉的产品了。此外，在筹集资金、扩大和发展煤钢生产，对生产现代化、结构改革和技术发展研究

---

[1] 洪邮生：《英国对西欧一体化政策的演变》，南京大学出版社，2001年版，第127页。

[2] 陈乐民：《战后英国外交史》，世界知识出版社，1994年版，第210页。

进行投资或提供贷款等也扩大到了六国范围。西欧联合迈出了第一步，法德也"最终结束了两国人民过去由于互不信任、竞争和利己主义所造成的，彼此一再兵戎相见的状态"，开始了真正走向全面和解的进程，并由此推动西欧国家在更广泛领域的联合。

后来的发展实践证明，欧洲煤钢共同体组织及其所采取的一系列措施在经济上是成功的。到1958年，消除贸易上歧视的工作已基本完成，在欧洲煤钢共同体范围内钢铁的国际贸易增长了157%。钢产量本身提高了65%，而煤炭工业则正在顺利地处理棘手的煤矿现代化问题。[①] 从各成员国钢铁工业发展看，1953年至1974年，联邦德国的钢产量从1540万吨增至5320万吨；法国从1000万吨增至2700万吨；意大利从350万吨增至2380万吨；荷兰从80万吨增至580万吨；比利时从450万吨增至1620万吨；卢森堡从260万吨增至640万吨。而此阶段美国的钢产量仅从10120万吨增至13200万吨。[②] 欧洲煤钢共同体六个成员国的钢产量总和（13240万吨）与美国并驾齐驱了。

欧洲煤钢共同体作为局部一体化的尝试，它的成功使西欧联邦主义者受到极大鼓舞。促使各国考虑把共同市场扩大到其他部门乃至整个经济部门的必要性。随后有关运输、农业等其他经济活动部门建立超国家机构的建议纷纷

[①] [英] 德里克·W. 厄尔温：《第二次世界大战后的西欧政治》，中国对外翻译出版公司，1985年版，第162页。

[②] [法] 阿尔弗雷德·格罗塞：《战后欧美关系》，上海译文出版社，1986年版，第360页。

提出。欧洲防务集团、欧洲政治共同体、欧洲农业共同体、欧洲卫生共同体等计划一时纷至沓来，出现了50年代欧洲联合的高潮。在舒曼计划基础上成立的欧洲煤钢共同体成了欧洲联合的先例和示范，此后建立起来的欧洲经济共同体和欧洲原子能共同体以及后来的欧洲联盟等，其基本结构在很大程度上都是按此模式建立的"超国家"联合体制。事实证明，这不仅消除了煤钢作为战争潜力的危险，使一场新的战争"不可想象"，而且它也使各成员国经济发展密不可分。欧共体成为欧洲联合进程中一体化程度最高也是最为成功的组织机构。

二、英国加入欧共体

舒曼计划提出后，法国政府邀请英国等国在巴黎召开会议讨论实施舒曼计划，英国外交部于1950年6月3日就此发表公告表示，如果法国政府要坚持把各国资源合并为一体，坚持建立独立行使主权的高级机构，并以此作为会谈的先决条件，那么英国政府将深表遗憾，并重申不能接受这种条件。[①] 6月18日，英国首相艾德礼在英国下院就舒曼计划进行表态，他指出："英国政府赞同法国的建议，但很难接受法国政府关于舒曼计划谈判程序的主张，即各国政府要接受煤钢共同体的原则，并承诺建立一个可以约束各国政府的高级机构，而后缔结一项体现这一原则的条约。"[②] 6月27日，英国下院以多数票的表决结果，通过了工党提出的拒绝参加巴黎会议的决定。同年11月，艾德礼首相在下院宣布政府欢迎法国的倡议，这一倡议应"被视为对解决欧洲一个主要问题的卓越贡献"，因为它所做的一切将有助于把联邦德国作为一个自由国家带入欧洲共

[①] ［法］让·莫内：《欧洲之父——莫内回忆录》，国际文化出版公司，1989年版，第121页。
[②] 赵怀普：《英国与欧洲一体化》，世界知识出版社，2004年版，第69页。

同体。艾德礼保证英国将以同情的精神关注事态的发展。至此，英国对于舒曼计划和即将建立的煤钢共同体表现出了一种超然的态度。

那么，英国为什么没有参加战后初期的欧洲联合？应该说，这与战后英国对自身的定位和奉行的外交战略密切相关。早在1948年，英国战后外交的"总设计师"丘吉尔就在保守党的年会上提出了"三环外交"战略。他认为在自由民主国家中存在着三个"大环"，"对于我们来说，第一环当然是英联邦和英帝国及其所包含的一切。其次是我国、加拿大和其他英联邦自治领以及美国在其中起着如此重要作用的英语世界。最后是联合起来的欧洲"。这三个大环是并存的，如果它们连接在一起，就没有任何力量或联合力量足以推翻它们，甚至向它们挑战。丘吉尔进一步指出："这三个相互连接的大环，你们会看到，我们是在这三个大环的每一个环都占一大部分的国家。事实上我们正处在联结点上，英国处于许多海运线的正中心，或者也处于许多航空的正中心，我们有机会把他们都连接在一起。"① 丘吉尔的意思很明确：英国在战后的世界舞台上应当继续扮演三种重要角色——大英帝国的宗主国和英联邦的领导者、与美国保有特殊关系的大西洋国家以及支撑着欧洲大陆均势格局的西欧国家。这既反映了英国外交中现实存在的广泛联系，又反映了英国借助同英联邦国家、美国和西欧国家的联系，谋求继续保持世界大国地位的愿

---

① ［美］W. F. 汉里德等：《西德、法国和英国的外交政策》，商务印书馆，1989年版，第228页。

望。值得注意的是,在丘吉尔的"三环外交"中仍然把英国和英联邦以及殖民地放在首位。在英国人看来,这些英联邦国家的重要性都要比欧洲国家大得多。虽然战后殖民地的民族解放运动兴起,殖民地和自治领的分离运动也不断的增强,英国的殖民体系遭受了沉重打击,但通过实行比较灵活和务实的殖民政策,英国基本保持了与殖民地和英联邦的联系,并维持了在这些地区的存在和影响。所以,安东尼·艾登在谈到欧洲联合思想时说:"我们本能的知道……这种事我们说什么也不会做的……因为我们的事业和利益远在欧洲大陆之外。"①

长期以来,大部分的英国人都将英联邦视为英国政治经济力量的重要来源。战后,英国的许多政治家仍然视其为英国作为世界重要力量的基础。1962年,工党主席在一次工党会议上说:"英联邦对世界、对我们都很重要。没有了英联邦,我们对世界的影响在哪里呢?它将会是很小的。"可见,英国人认为只要这个帝国存在,英国仍然可能在世界中发挥一个世界性大国的作用。此外,英联邦特惠制和英镑区体制对战后英国的经济复兴意义重大。英联邦特惠制始于1932年的渥太华协议,战后为英国的工业品提供了相对稳定的市场,低关税甚至免税的食品和原料进口大大降低了英国制造业的成本,提高了英国工业品在国际市场的竞争力。英镑区最早出现在30年代大萧条时期,英镑区体系使英国成为英镑区的银行家。战后的英镑

---

① 许秋枫、洪邮生、张志尧:《欧洲的梦想与现实——欧洲统一的历程与前景》,南京大学出版社,2003年版,第101页。

结存对英国的经济形势来说是一个重大贡献，大大缓解了英国的经济困难。英格兰银行认为如果没有英镑结存制，整个英镑区体系包括英镑本身必定会崩溃。所以战后一段时期，英镑区对于重建英国的国际金融实力是非常重要的。英联邦国家在战后又是英国最主要的贸易对象。1950—1954年，英联邦国家占英国进口贸易的49%，出口贸易的54%。而直到1957年，英国同西欧大陆六国的贸易额也仅占14%。进入60年代，英联邦仍占英国出口贸易的40.2%（几乎三倍于欧洲六国），进口贸易的34.6%。直到70年代初英国加入欧共体后，它与欧洲六国的贸易才超过它与英联邦国家的贸易。而且从情感上来讲，当时英国工党的一份文件说得很清楚："除了地理上的距离之外，我们英国与处于地球另一端的澳大利亚和新西兰骨肉同生的关系，比之我们同欧洲各方面的关系要亲近得多。"而加入欧洲共同体，就意味着可能要放弃英联邦或者要缩小同英联邦的关系，所以索尔兹伯里勋爵说："我们不是一个大陆国家，而是一个拥有殖民帝国的岛国。我们和独立的英联邦成员国有着特殊的关系。虽然我们和欧洲国家保持着密切的关系，但我们不可能把我们的利益和它们的完全合并。"

在英国外交中处于第二环的英美特殊关系，始于二战期间两国的亲密合作。1942年1月，英美联合参谋长委员会在华盛顿成立。作为军事合作的行政机构，这个委员会具有制定军需计划、分配武器、决定海外行动的先后次序和全盘战争的战略指挥等权力，实际上成为盟国军事指挥的神经中枢。在战争期间，英美联合参谋长委员会举行了几百次正式集会，直接导演了多次海陆两栖作战行动，对协调英美军事行动、组织大规模联合作战起了实际作用。除了军事上的联合作战，英美两国在经济上也进行了良好的合作。1942年6月，英国及其自治领与美国签署了互助协定，协调战时生产和战略物资的分配和使用。随着战争的消耗越来越多，美国向英帝国提供的军火由1941年的10%增加到了1944年的28.7%。此外，两国最高领导人之间的密切合作也对双边关系起了推动作用。二战期间，罗斯福与丘吉尔两人几乎天天交换情报，一些重大的战略决策基本上是由两人在战时定期举行的会议上共同做出的。在战争后期召开的决定战争进程和战后世界格局的几次重大国际会议上，两国很明显地站在了一起，保持着基本一致的立场。这为战后英美特殊关系的继续保持打下了坚实的基础。

战后继续保持美英特殊关系，在英国来讲，是想利用美国的力量来维持自己的世界大国地位。经济上，战后英国经济残破不堪，处在破产的边缘。1945年，美国政府宣布中止租借法案后，以英国接受布雷顿森林体系为条件，又与英国签订了《英美政府财政协定》，规定到1951年底前向英国提供37.5亿美元的贷款，从而避免了英国财政上的危机。1947年的马歇尔计划提出后，两国又于次年7月签订《英美经济合作协定》，英国又成为西欧国家中最大的受援国，共获得了130亿美元援助款中的32亿美元。两国的经济联系进一步加深。到1956年，美国超过其他经济体成为英国最大的贸易伙伴。

特殊关系还有助于英国对美国的外交政策施加影响。

1946年2月,丘吉尔在美国总统杜鲁门的陪同下,在美国发表了著名的"铁幕演说"。丘吉尔呼吁实现英语国家的合作以阻止苏联的扩张。1947年2月,英国政府向美国发出关于希腊内战问题和土耳其问题的照会,将美国推到了反苏冷战的前沿。在复兴欧洲的马歇尔计划实施过程中,英国更是起到了牵头者和组织者的作用。1948年1月,英国外交大臣贝文建议"组成一个以美国和大不列颠自治领为支柱的西方民主体系",把美国和西欧的防务联结在一起。8月在布鲁塞尔条约签字的当天,贝文又致电华盛顿,希望这一步骤能导致一个囊括大西洋两岸国家更广泛的防务集团的建立。美国当局立即表示予以支持。此后,英国同美国和加拿大代表开始就扩大布鲁塞尔条约组织、建立大西洋安全体系着手进行磋商。1949年4月,北大西洋公约组织成立,针对苏联和东欧的大西洋防务体系终于在英国的积极推动下建立起来。总体来说,英国凭借英美"特殊关系"继续维持了其对世界事务的影响。

二战之前的几百年来,英国大部分时间是欧洲的霸主,凭借超强的实力和灵活的均势政策领导了欧洲事务。二战中英国人始终英勇不屈,同希特勒领导的法西斯德国进行作战,并且最终打败了希特勒的军队。与此同时,西欧大陆绝大多数国家被法西斯德国占领,一些国家的领袖和知名人士纷纷逃到英国组织流亡政府和抵抗运动。一时间,英国成为西欧各种抵抗力量的大本营和大后方。随着战争走向胜利,各国流亡政府又在英国的帮助下回到祖国,重建本国的统治秩序。可见,英国在二战中的经历和其他欧洲国家是不一样的。英国是二战的战胜国,这场战争的经历极大地增强了英国人的民族自信心，也凸显了英国人在世界上的作用。所以，战后无论是工党还是保守党都认为英国仍然是一支世界力量。英国一位高级外交官曾经说过："自从1900年英国力量处于顶峰时期起，维持大国地位就是我们的主要目的。现在虽然我们的资源和任务不大匹配，……但是如果我们接受一个稍次一点的角色还是可以承受的。"在英国人看来，英国完全没有必要加入到一个欧洲组织中去或者把一部分主权转让给它。加入一个一体化的欧洲组织和英国要保持世界大国地位的目标不协调，而且会破坏英国在英联邦的领导地位以及与美国的特殊关系。

即使从实际的经济利益出发，战后初期的西欧也不是被视为英国外交政策的财富，而是一个巨大的额外的经济负担。首先，占领德国已经耗费了英国大量的财政。此外，英国对西欧的贸易只占其总贸易额的25%。1950年以前，英欧的贸易增速也大大低于英国对英联邦的贸易增速。而且，战后的西欧国家和英国一样出现严重的美元短缺。所以，和西欧的贸易也无助于弥补英国的美元缺口。在煤钢领域，英国煤钢工业在当时是欧洲最为强大的。战后初期英国煤的产量几乎是所有将成为欧洲合作组织国家的总和。1947年，联合王国原钢产量是1270万吨，而欧洲经济合作组织同年的原钢产量仅为1760万吨。后来担任英国政府首相的保守党人哈罗德·麦克米伦在回忆录中说："我们的钢铁工业毕竟是英国效率最高的，如今我们能生产出比他人更好更便宜的钢铁。我们的煤只要挖出来，就能行销海外。那么，放弃我们目前的地位之后还能获得什么好处呢？"①

在战后初期，英国曾充当了欧洲统一运动的倡导者和组织者，丘吉尔不断为欧洲的联合呼号奔走。在他提出的"三环外交"战略中，第三环就是联合起来的欧洲。但是就丘吉尔本人而言，他也没有想要英国加入到欧洲中去。他在谈论欧洲一体化时说："我们同欧洲在一起，但并不属于它。我们与之联系在一起，但不是其组成部分。我们对它感兴趣，同其联系交往，但并不能并入或同化。"可见，他倡导欧洲联合主要是想让这个联合起来的欧洲在英美的领导下，成为对抗苏联的有力武器。诚如巴尔齐尼所说："英国人凭借其领导人无比的政治远见和战略远见，用废墟、生命、勇气、黄金为他的大国地位付出了充分的代价。这样的人们自然感到加入一个战败的、虚弱的、受惊的和贫穷的二等国组织是不可思议的。"②

不过，形势的变化迫使英国于1961年提出了加入欧共体的申请。首先是英联邦在政治上日益分裂。1955年在万隆会议上，印度宣布准备实行不结盟政策，并随后改善了和苏联的关系。1956年的苏伊士危机更是暴露了英国对英联邦影响的有限性。1956年7月，独立不久的埃及宣布收回运河区，并派兵接管了苏伊士运河公司。英国主张用军事手段夺回运河，遂伙同法国和以色列对埃及发动了侵略，导致苏伊士运河战争爆发。战争爆发后，印度和其他

---

① [英]哈罗德·麦克米伦：《麦克米伦回忆录》（第三卷），商务印书馆，1980年版，第188页。
② [意]路易吉·巴尔齐尼：《难以对付的欧洲人》，三联书店，1987年版，第39页。

英联邦国家公开站在埃及一边谴责英国等国侵略行为。1956年11月，当联合国大会紧急会议表决呼吁交战双方立即停火的决议案时，英国在英联邦国家中只得到了澳大利亚和新西兰的支持，亚洲英联邦国家都站在英国的对立面，加拿大和南非则投了弃权票。苏伊士运河事件充分暴露了英联邦国家的意见分歧和政策差异，英联邦也不再是过去那种英国说了算的英帝国了。这表明英国已经丧失了作为世界一流大国的行动能力，要阻止普遍高涨的民族独立运动也已经力不从心了。为了避免殖民地人民更激烈地反抗，英国政府加快了从殖民地撤退的进程。50年代中后期结束了对中东阿拉伯地区的控制。50年代末60年代初非洲觉醒，大批英属殖民地摆脱了殖民统治。60年代兴起的不结盟运动，再次向英国展示英联邦不再是英国推行其外交政策的基础。到60年代末，世界上绝大多数英属殖民地取得了独立，英国的殖民体系土崩瓦解。

经济领域，英国和英联邦伙伴之间的经济利益分歧也日益明显。1952年，英国要求英联邦国家在即将到来的关贸总协定谈判中，支持英国反对"没有新的特惠制"规则，结果遭到了几乎所有英联邦伙伴的断然拒绝。因为英联邦国家不想降低或危害它们的非英镑区贸易，特别是与美国的贸易。另外，战后由于技术进步，原材料的消耗相对减少，合成材料工业迅速发展。加之英国产品自给程度的提高，这就使得英国对进口食品和原材料的依赖有所减轻，英联邦作为英国原料产地的作用大大降低。同时英国昂贵的科技产品也只有在欧美日等发达国家才能找到市场。英国发展高科技产业所需要的技术、产品和大量的资金也不是英联邦国家所能提供的。从1955—1965年的十年间,英镑区国家在英国出口贸易中所占比例由约1/2下降到1/3,而同期西欧和美国在英国出口贸易中所占的比重则由约1/3上升到1/2。英国的海外投资比重也发生了显著变化。1958—1964年,英镑区所占比重从60%降到47%,非英镑区则从40%升至53%。而随着非殖民化的发展,新的英联邦国家纷纷要求建立自己的经济政策和贸易体制,英联邦特惠制开始瓦解。而战后英国经济的脆弱和不断爆发的国际收支危机,也使英镑区最终于60年代末解体。英国再也不能视英联邦为其支撑大国地位的资本了。

从50年代中期开始,英国在美国战略中的作用也大大减弱。英美双方在诸如经济贸易政策、殖民地问题、欧洲防务等许多重大问题上的分歧开始暴露。美英特殊关系已经不像战后初期那样紧密了,特别是1956年苏伊士运河危机之后。苏伊士运河战争爆发当天,美国总统艾森豪威尔即发表广播讲话,公开指责英法和以色列为侵略者。第二天,美国向联大紧急会议提交了提案,要求立即停火,英、法、以撤军,恢复在运河区自由通行,并在11月6日以危及英美的团结与和平相威胁,迫使英法于当天宣布停火。当英国爆发英镑危机时,美国政府也拒绝给英国任何援助,还阻挠国际货币基金组织贷款给英国。英国首相艾登后来说,他从来没有预计到美国几乎在每个细节上都强烈地反对英国,而且在停火后更为强烈。处于孤立的英、法、以三国迫于无奈,最后只得完全接受联合国决议。在苏伊士运河事件结束不久的1957年1月,艾森豪威尔即向国会提出了一项关于中东问题的决议案，要求国会授权总统在必要时可以在中东使用武装力量，以填补英法在这个地区留下的"真空"。此后，美国逐渐增加了在中东地区的活动，并借此机会取代了英国在中东的地位。

之后，美英两国关系因为核问题的争端再次受到影响。战后，美国政府曾单方面终止了美英战时在曼哈顿工程上的核武器合作。这迫使英国以更大的代价发展独立的核威慑力量。1962年，美国再次违背承诺，突然取消了曾答应向英国提供的"闪电"导弹研制计划。这次英国忍无可忍，对美国采取了强硬的态度。麦克米伦坦白地向肯尼迪表示，即使没有美国的帮助，英国也要不惜代价自己干下去，以此表达了英国留在核俱乐部的决心。后来经过激烈地讨价还价，双方终于达成《拿骚协议》。美国同意向英国出售"北极星"导弹作为对停止生产"闪电"的补偿。但美国要求这支核力量将接受北约的统一指挥，并且还要使用美国的运载工具，除非英国的最高利益受到威胁。这实际上限制了英国独立的核威慑。

1956年，随着一体化的发展，欧洲关税同盟的建立提上了日程。这让英国陷入了两难。正如英国贸易大臣桑尼克罗夫特所说："如果我们留在欧洲体系之外，我们将不得不面对一个歧视性的集团。"英国既不想加入关税同盟又想避免被排除在六国市场之外，于是提出建立一个包括所有欧洲经济合作组织全体16个成员国在内的"大自由贸易区计划"。主张不参加共同体的西欧国家与六国之间互相免除关税，对这个区域以外的国家，各国仍可保持自己不同的关税率。很显然，英国的这个建议是想把六国关税同盟消溶在一个自由贸易区之中。这样，英国的工业品既能进入六国市场，又可以保持与英联邦的经济联系。但是英国的建议遭到了西欧六国特别是法国的反对，大自由贸易区计划失败。

为了与西欧共同市场相抗衡，英国又联合共同体外部的瑞典、丹麦、挪威、瑞士、奥地利和葡萄牙，于1960年5月成立了"欧洲自由贸易联盟"。这样，西欧在经济上形成了六国和七国分裂的局面。但七国联盟仅是一个松散的贸易合作组织，缺乏统一的协调机构，在地域上又不能连接在一起。而且除英国外都是比较小的国家，自由贸易联盟市场明显小于六国共同体市场。除斯堪的纳维亚国家外，自由贸易联盟成员国和欧共体国家的贸易都大于和自由贸易联盟伙伴国的贸易。七国的经济发展速度也远远落后于六国。1959年至1961年，七国工业生产增长14%，出口贸易增长约20%，同时期六国却分别增长了26%和42%。到1960年底，六国之间的贸易在一年中增长了37%以上，而七国之间的贸易额仅增长16%。欧洲经济共同体显示出的强大生命力，七国自由贸易联盟难以匹敌。此外，斯堪的纳维亚国家和瑞士传统上是低关税国家，相比之下英国的关税要高得多。英国从七国相互间减税所得到的好处，弥补不了它在六国贸易中所蒙受的损失。所以从长远来看，自由贸易联盟对英国政府既缺乏经济上的吸引力，又缺少政治上的凝聚力和影响力。英国政府的欧洲政策彻底失败了。

比较之下，欧洲共同体的建立和发展极大地扩大了西欧内部市场的容量，为英国向西欧的出口提供了更多的机会和可能。这导致英国对外贸易结构和地区分布发生重要变化。英联邦国家在英国对外贸易中所占比重下降的同时，西欧和美国所占的份额迅速上升。欧共体国家所占比重增长尤其明显。到1961年，英国对欧洲共同体国家出口的比重达到32%。与战后初期相比，英国和欧洲共同体的经济联系在不断的加强。与此同时，英国自身的经济发展相较于联合起来的西欧经济则相形见绌。1950年到1960年间，英国的年均国民生产总值增长率维持在2.3%，而共同体六国为4.08%。1960年至1970年间，英国的增长率没变，共同体六国则达到了4.2%。英国的国民生产总值于1961年被联邦德国超过，1965年被法国超过。1969年，在所有非共产主义的欧洲国家中，英国的人均国民生产总值下降到第十三位。形势的发展已经表明："共同市场这个拥有1亿7千万人口的日益增长的庞然大物可能超过英国，把伦敦贬黜到无关重要的地位。"[1]至此，除了加入欧共体，英国实际上已经别无选择。

1961年8月，英国政府致函欧洲经济共同体部长理事会，提出了加入欧共体的申请。此前，麦克米伦曾在下院表示："'罗马条约'的政治目标是促进欧洲的统一和稳定，这是符合英国的利益的"，但"如果英国与欧洲共同体的密切关系损害英国与英联邦其他成员国的传统联系，那将是得不偿失，所以谈判是必要的"。[2] 英国首相的这段话实际表明，英国既想得到加入欧洲共同体的好处，又不

---

[1] ［美］W. F. 汉里德：《西德、法国和英国的外交政策》，商务印书馆，1989年版，第303页。

[2] 陈乐民：《战后英国外交史》，世界知识出版社，1994年版，第128页。

想放弃和英联邦的传统关系。谈判历时一年多,英国表示愿意恪守《罗马条约》的各项条款,但同时又提出英国不能切断同英联邦的经济贸易联系。这一主张遭到六国特别是法国的反对,结果第一次申请加入欧共体的谈判失败。1967年5月,由于经济状况恶化,英国政府第二次提出加入欧共体的申请。这次除了同意让渡经济方面的一部分主权,英国决心在军事和政治方面也做出一些让步并表明了自己的诚意。共同体内的其他国家对英国的态度表示欢迎,尤其荷兰、比利时、卢森堡等小国更是希望英国加入进来以平衡法国的力量。但是法国不希望英国加入,一是担心会威胁到自己的领导地位,二是担心英美特殊关系的存在将有利于美国插手欧洲事务,结果英国的申请再一次遭到否决。直到1969年,新当选的法国总统蓬皮杜改变了戴高乐时期对英国实行的强硬政策,决定吸收英国加入欧洲经济共同体以平衡联邦德国的力量。同年12月,蓬皮杜在欧洲共同体六国首脑会议上倡议扩大共同体。1970年,英国就加入欧共体提出第三次申请。这一次的主要矛盾在于英国的欧共体预算分摊问题。在经过一番激烈的讨价还价后,双方终于达成协议。英国于1973年1月1日起成为欧洲共同体的正式成员。至此,经过了十年努力的英国终于加入了欧洲共同体。

三、关税同盟和共同农业政策

欧洲煤钢共同体为战后的欧洲联合找到了突破口，又为进一步的联合行动构建了初步的制度基础。随着经济的发展，单纯的煤钢联合已经难以满足欧洲一体化的需求。以让·莫内为首的法国主张把煤钢共同体中习得的一体化运作方式扩展到其他经济部门，成立欧洲原子能共同体，并逐步建立共同市场。而早在1948年便建立了关税同盟的比、荷、卢三国则提出建立一个横跨全部经济部门之上的经济共同体，其步骤是先建立关税同盟，再发展到全面的共同大市场。荷兰外长约翰·贝恩指出："分部门的一体化不能像全面的经济一体化那样有助于加强欧洲团结和统一的观念。为了加强这种观念，最重要的是要把欧洲国家对于共同利益共同负责的观念溶化到一个关注普遍利益的组织中去。"[①]

1955年，六国在综合莫内与贝恩计划的基础上，通过了《墨西拿决议》。决议认为，欧洲一体化建设应首先在

[①] [法]皮埃尔·热贝尔：《欧洲统一的历史与现实》，中国社会科学出版社，1989年版，第47页。

经济领域取得突破，然后在各国经济联合、共同体机构不断完善等基础上继续推动一体化进程。经过共同的努力，六国最终就推动经济一体化的重大问题达成了一致，并于1957年3月签订了《罗马条约》。《罗马条约》由《欧洲原子能共同体条约》和《欧洲经济共同体条约》共同组成。原子能共同体的最终目的是建立一个核共同市场，不过原子能共同体一直没有发展到人们所期望的高度。关于欧洲经济共同体，条约规定其使命是："通过共同市场的建立和各成员国经济政策的逐步接近，促进整个共同体经济活动的协调发展，促进持续平衡的扩张、日益增长的稳定和生活水平的加速提高，以及促进各成员国间更加紧密的联系。"其主要任务包括：在成员国之间取消进出口关税、数量限制以及其他限制措施；建立对待第三方国家的共同关税率和共同的贸易政策；在各成员国之间废除阻止人员、劳务和资本自由流动的各种障碍；建立农业和运输方面的共同政策；建立一种体制以保证在共同市场中竞争不受到破坏；应用一些程序使成员国的经济政策能得到协调，在共同市场发挥作用的限度内使成员国各自的国内法律趋于一致。

1957年底，《罗马条约》先后获得各成员国批准，并于1958年1月1日正式生效。欧洲经济共同体最重要的步骤是逐步建立关税同盟。关于关税同盟，条约规定内部关税以1957年各国的关税率为基础，从1958年起工业品关税以12年为过渡期，分三个阶段，每个阶段为四年。在每个阶段里，各成员国必须对其他成员国分三次降低关税30%，逐步取消成员国的现有一切关税和贸易限额。对外统一关税的建立，六国协商采用兼顾各国利益原则来制定共同关税。即把当时六国分为四个关税区，将四个税区在1957年实施的关税率的算术平均数作为共同税率。在共同对外关税方面，欧共体根据商品种类和来源国采取了差别关税的做法。对来自非洲、加勒比和太平洋地区属于共同体联系国的发展中国家的商品，一般适用特惠税率；对来自自由贸易联盟、地中海沿岸国家的商品，适用协定税率。在过渡阶段，六个共同体成员国制定了分阶段取消内部关税和统一外部关税的措施。到1968年7月，共同体内部取消了关税，同时开始实行统一的对外关税率，成员国间取消相互进口数量限制也于关税撤除同时基本实现。至此，关税同盟最终生效，比预期提前了18个月。

关税同盟只是促使工业品在共同体内自由流通并形成工业品共同市场的重要手段。但完整的共同市场还必须包括农产品的流通和贸易。由于农产品的特殊性，取消内部关税并不足以形成农产品共同市场。为了使工业品的关税同盟能够延伸到农产品领域，形成一个包括所有工农业产品的统一市场，欧共体制定了一整套共同农业政策，具体目标包括：通过促进技术进步和保证农业生产的合理发展及生产要素特别是劳动力的最佳利用，提高农业生产率；通过提高农业从业人员的个人收入，为农业社会保证良好的生活水平；稳定市场；保障供应；保证消费者以合理的价格得到供应。

1963年初，共同农业政策开始实行。西欧六国所需要完成的任务包括：共同的价格机制措施、补贴政策以及区域内结构性改革的政策措施。"共同的价格机制措施"主要是指对共同体内部的农产品施行一定程度上的价格干预，使之在一定的价格范围内波动，一旦超出范围，价格支持机制则发生作用，使之复归到允许的范围内，并且通过制定统一的目标价格、门槛价格、干预价格等一整套指标和机制，来调控内外农产品贸易并稳定内部市场。共同价格机制的主要目的在于对区域范围内对农产品价格实现普遍管理，使其价格维持在世界市场价格相较的高位，同时内部排除其他非成员国农产品的低价竞争、维护内部农业生产者的利益。"补贴政策"是一项与共同价格机制相关联的政策。一方面，通过对特定农产品的价格干预机制为低于目标价格的生产者提供生产补贴；另一方面，对出口到国外的农产品提供出口补贴。除此之外，贮藏补贴、生产补贴及消费补贴等也被纳入到共同农业政策的财政资金预算项目中。补贴政策在价格管理机制之外为欧洲区域的农业生产与销售提供了资金上的支持，为早期欧共体区域内各国的经济稳定及农产品的稳定增产增收提供了有力保障。除价格机制与补贴政策外，构筑区域内农业共同体的另一个重要政策措施，是进行成员国间农业结构上的改善与调整。重点是农场的现代化、劳动力更新与重建、鼓励技术进步、给予农民职业培训等计划。

  到1968年7月，欧共体已经建立了20多个农产品共同市场组织，实行统一的价格支持和干预制度。农产品共同市场组织有四种类型：第一类，软小麦、大麦、黑麦、玉米、大米、糖、奶制品、肉类、部分水果和蔬菜、部分酒类等，实行全面的价格支持和市场干预并进行外贸保护。这类农产品约占所有农产品的70%。第二类，不在第一类组织中的水果和蔬菜、另外一些酒类以及花卉、鸡蛋和家禽等非大宗食品，共同市场组织为防止外来产品的冲击实行税收保护，这些产品在共同体内部的价格允许自由浮动。这类农产品约占所有农产品的21%—25%。第三类，硬小麦、橄榄油、油菜籽、葵花籽、烟草、棉花等共同体需要大宗进口的产品，为了鼓励共同体农民的生产，共同市场组织对这些产品提供直接补助。这类农产品约占所有农产品的2.5%。第四类，棉籽、亚麻、大麻、啤酒花、蚕、种子以及脱水粗饲料等，为了支持这些产品的生产，共同市场组织根据统一标准、按照种植面积和产量给予援助和补贴。

与此同时，欧共体致力于推动成员国的农业结构改革。其做法是鼓励土地兼并，扩大农场规模，推广先进技术，资助水土改良和环境保护，充分利用自然资源。同时配以相关的社会政策以提高农民的经营素质。用于干预市场、提供技术与结构改革资金支持的农业基金也于60年代末建立起来，主要包括农业指导和保证基金两部分。指导基金主要用于农业结构改革；保证基金用于农产品干预收购、支付出口补贴以及货币补偿金额。农业基金是欧共体预算中最大的项目，其规模一度占欧共体共同财政预算的70%。到1969年，共同体六国实现了主要农产品统一价格和出口补贴制度，六国范围内的农产品关税取消，区域范围内的农产品自由流通和对外国农产品的差价税征收启动。到1977年底，基本实现了农产品的自由流通。

应该说，共同农业政策的制定和实施，对共同体各国农业的发展起到了一定的促进和调节作用。为提高各国农业生产率，增加农业生产者收入，稳定农产品市场做出重要贡献的同时，还极大地促进了成员国之间贸易和投资的增长，对共同经济的发展产生了巨大的推动作用，为最终建立共同市场奠定了基础。但另一方面，共同农业政策存在的问题也一直伴随着它的发展。

首先是补贴政策导致农民盲目扩大生产，造成农产品严重过剩。共同农业政策的实施，使经营者无需担心市场、供求关系和年景好坏等因素对农产品价格的影响，放手发展生产，从而成功地调动了他们的积极性，大大提高了农业劳动生产率和各类农产品的产量。同时，由于一些主要农畜产品统一的标位价格及与此相应的干预收购价格定得较高，也极大地刺激了农业生产的发展。从70年代中期开始，由于受价格支持的农产品种类的增加以及各国每年都需要将农产品价格抬高以增加产品限额数量，欧共体过剩的农畜产品数量逐年加大。加之国际市场竞争激烈，销路不畅，进入80年代以后，共同体农产品出现了大量过剩。而农产品大量过剩直接导致共同农业基金中保证部分的开支越来越大。与此同时，由于内部市场上的农产品价格一般高于世界市场上农产品的出口价格，也迫使欧盟不得不对出口的农产品价格给予出口补贴，结果就是整体农业支出过大，预算负担沉重。

其次是对共同财政的贡献与获益不均，引发成员国之间的矛盾。共同农业政策是欧洲一体化进程的产物，从共同农业政策的原则中就可以看出其超国家性质。所以，共同农业政策的制定是以共同体整体利益为优先考虑的。根据共同体的共同财政原则，财政的收支是统一制定的，成员国对共同财政的贡献大致上与该国的经济规模成正比，而从共同财政中的收益则取决于该成员国农业在整个共同体农业中的比重，因为共同财政支出的大部分用于共同农业政策领域。这就导致了各成员国在共同预算中承担的义务和获得不对等，成员国之间因为利益分配不均而产生矛盾。举例来说，共同体的农业大国法国，负担欧盟预算的17.5%，欧盟为法国的花费占总预算的17.5%，收支正好相抵。但农产品是法国重要的出口项目，占法国出口总量的16%。法国每年得到的农业补贴占总量的1/4，是共同农业政策的最大受益者。而德国承担了欧共体预算的29.2%，但由于农业在国民经济中所占比例不大，却只能从欧盟得到14.8%的回报，每年为欧盟净贡献超过100亿欧元。[①] 英国也同样是共同预算的净支出国，并因此不满。

日益严重的农产品过剩还迫使欧共体增加对农产品的出口，从而引发出日益频繁和不断升级的国际农产品贸易争端。由于国际农产品市场需求有限，欧共体的大量出口极大地加速了买方市场的形成步伐，导致日趋剧烈的市场竞争和农产品价格的急剧下跌。在这种情况下，为增加出口，欧共体又只好进一步依靠其补贴政策，通过不断提高出口补贴来为其过剩产品打开世界市场的大门，从而对其他农产品出口国构成越来越大的威胁。以美国为首的主要农产品出口国，强烈批评欧共体的共同农业政策扭曲了世界市场的价格，制约和阻碍了世界贸易自由化的进程。此

[①] 姜南：《试论法国与欧共体共同农业政策的制订》，《世界历史》，1995年第2期。

外，在欧共体的发展过程中，每一次的扩大都会引起农业劳动力规模和结构的变化。1981年希腊加入欧共体时，使欧共体农业人口增加了93.5万；1986年西班牙和葡萄牙加入欧共体时分别又带来了125.2万和94.2万的农业劳动力；1990年德国统一也使欧共体农业劳动力增加了18万。这些不断的变化也冲击着共同农业政策。

为了解决共同农业政策实施过程中出现的问题，也为了适应不断的扩员要求，共同农业政策形成后也一直进行着持续而渐进的改革。1985年，欧洲委员会颁布了《共同农业政策展望》绿皮书，对共同农业政策的未来发展路径做了分析，目的是为了解决农产品过剩的问题，促进供求平衡。同时还引入了在问题部门消减生产的新方法。1988年，为了限制共同农业政策在整个共同体预算中的开支比例，欧洲理事会又通过了包括"农业开支指导"原则在内的一揽子改革措施，其中规定把以后每年预算的增长速度限制在共同体国民生产总值年增长速度的74%以内。这一措施取得了一定的效果，到80年代末，共同农业政策支出占共同体总预算的比例从1985年的75%下降到了65%。1992年的《麦克萨里协议》，是适应新的经济环境从价格支持转向收入支持政策的转折点。主要内容是把原来的价格支持变为对农民的直接收入补贴，包括分阶段降低农产品的担保价格、取消油料作物和蛋白质作物的价格支持，稳定农业生产和增加生产者的收入，优化农业生产结构，为受改革措施冲击的农户提供财政补贴，加强对环境的重视等等。这次改革割断了农业收入和价格支持之间的联系，有助于减少了内部政策与对外贸易政策之间的摩擦。欧盟"2000年议程"对农业的改革，继续保持了对农民的直接收入补贴，使补贴方式逐步由生产控制型转向服务型，突出强调了农业的多功能性和可持续性。具体包括支持农村发展政策、环境保护政策、改善农村的竞争力政策、直接资助政策等。2003年，面对新一轮的WTO谈判，欧盟对共同农业政策的改革主要集中于补贴问题上。包括设立单个农场补贴，即废除将农业补贴与农产品产量挂钩的做法，改为向农民提供"单一农场支付"；成员国可以根据本国农业情况，在一定时期内维持有限的产量挂钩支持；将农业补贴额度与环保、食品安全等挂钩，不符合标准的农民将无法得到补贴；投入更多的资金用于加强农村发展，改善环境和动物福利；减少对大型农场的直接支付，将节省的资金用于支持一项新的农村发展政策等。

近些年来，欧盟农业政策在新框架的规定下继续着更深层次的改革：包括加强以市场为导向的改革方向，进一步削减谷物和肉类等重要农产品的干预价格；进一步强调以农村发展作为第二支柱，加大对农村综合发展的支持力度，目的是提高农业生产率以从总体上增加国民收入；积极协调与WTO之间的关系。这涉及两方面问题，一是区域贸易自由化趋势与全球贸易自由化的协调；二是WTO规则在欧盟范围内的实施问题。

四、建设统一大市场

《罗马条约》中已经明确表达了在实现商品、人员、服务和资本自由流动的基础上建立共同市场这一目标。但关税同盟建立、单一农产品市场实现后，共同体内部商品流动并未达到完全自由的境地，还不同程度地存在着所谓技术障碍或非关税壁垒。由于各成员国在商品的卫生标准、技术质量标准以及安全性能标准（譬如某些化妆品中某种有毒物质的含量）乃至包装方式（譬如某些食品的特殊包装要求）等方面的规定很不一致，导致成员国间的商品进口还需向进口国的海关申报进口商品的数量、质量规格、价格等信息，要经过检验、结关等手续之后才能入境，而且手续往往十分繁琐。这类障碍的存在阻挠了共同体内部贸易的进行，不仅商品的流动要受到严格的过境检查，并因此增添了费用和延缓了周转速度，而且迫使厂商不得不增加额外投资以使自己的产品适应特定市场的规格和要求。此外，成员国间财政、经济等政策上的不一致也阻碍着内部贸易。税收上的差别使商品过境贸易要受到繁琐的税务检查和办理退税、纳税手续，同时还通过对价格的影响破坏了竞争条件；各国以专利、商标、版权等对其他成员国产品实行歧视的情况也很严重。在公共采购政策上。虽然共同体规定开支超过一定标准的某些公共采购或公共工程，必须在共同体公报上公开招标，但实际进行公开招标的不足这类开支的四分之一，而由其他成员国企业中标的情况更是微乎其微。共同体在共同运输政策上一直未取得实质性进展，成员国间关于货运车辆过境的许可证制度和货运量的双边定额限制，也严重影响着商品的流动。

至于人员的自由流动，自1968年7月起即得到条约的保证。成员国公民，除入境时需查验护照，长期居住需取得许可证，只要不违背有关公共秩序、公共安全与公共卫生的禁例，一般均可自由流动，并在就业、劳动报酬、劳保条件、社会保险、生活条件等方面不受歧视。但从实际情况来看，劳务人员的跨国家流动还远不是很自由的。一般说来，各个成员国都没做到将就业机会均等地对所有成员国国民开放。不少成员国需要劳动力时，往往选择去非成员国而不是去其他成员国招募。公共工程的招工往往不公开通告，只有本国居民才能得到信息。加之各国居民在语言、文化传统、生活习惯等方面存在着差别，各个成员国的个人所得税制差异仍然比较大，也对劳动力的自由流动产生消极影响。因此，共同体内并未形成劳动力共同市场。

关于劳务自由，虽然条约规定了取消限制和禁止歧视，但对于自由职业者与企业在共同体内自由开业与自由提供劳务问题，涉及到成员国间相互承认职业资格（包括学历、学位等），而这又涉及协调有关国内立法直至协调教育与职业训练体制与课程等诸多问题，甚至还涉及排解各国同业公会间的利益冲突问题，所以跨国界开业和提供劳务还面临着不同程度的障碍。还有成员国相互开放服务业市场问题，因为涉及各国最为重要的一些服务行业，如银行、证券交易、保险、运输、广播电视等，需要成员国协调大量不同的国内立法与行政规定。执委会也曾致力于协调各国立法，旨在为"欧洲公司"的建立提供一种法律结构，但并未得到成员国的支持。

关于资本的自由流动，《罗马条约》并没有明确规定各成员国应承担的义务。一个成员国，当它的某个行业需要来自其他成员国的直接投资及间接投资之时，就采取开放政策，否则就不同程度地加以限制。对外资的撤退也是如此，没有定规。因此，除了与商品、人员与劳务流动相联系的支付与外汇管理外，其他外资都受到各国的严格控制。稍有开放的仅限于某些直接投资、财产投资、保险支付以及与贸易有关的中短期资金拆借。

1982年11月，欧洲共同体委员会发表"关于完善内部市场"的通报。12月，欧洲理事会哥本哈根会议公报强调，把取消共同体内部边界列为共同体的首要任务。1985年6月，布鲁塞尔首脑会议批准了建立欧洲统一市场的白皮书。白皮书提出了282项统一指令和148项补充措施，内容涉及工业、经济、科学、技术、环保、能源、货币、社会、外交等各领域，以保证统一市场的顺利建成和正常运转。1986年2月，欧共体国家共同签署了《单一欧洲法令》，作为《罗马条约》的修订与补充。法令明确要求共同体采取措施，在1992年底以前建成欧洲共同市场，即

"一个没有内部边界的区域"。在其内部，商品、人员、劳务和资本的自由流动得到条约条款的保证。为此，要消除欧共体内部边界的一切壁垒和障碍。

首先是边界障碍。这类有形障碍的存在影响了商品过境速度，阻碍了人员的自由流通和劳务流动。繁复的手续和等待时间也使共同体的人员与企业、工业与贸易蒙受无谓的经济损失。为了消除这些障碍就必须取消设立在各国边境上的海关，简化商品过境手续，取消对旅行者的管理等等。商品过境要协调并简化各成员国海关的报关、结关及检验手续，以减少时间及费用方面的成本。这就需要统一商品过境管理方案以及商品分类目录，作为商品过境办理报关、结关及检验手续时的统一依据。与此同时，还要对若干现代工业产品制订统一技术标准并付诸实施。另外，有关安全、卫生的检疫条例也需要协调。白皮书建议成员国统一规定商品发运国承担检疫职责，这样只要提供发运国的检疫证书，进口国即不必重复检验，以此可大大节省手续及有关费用。至于各国在边界上进行的贸易统计，白皮书认为可以通过加强国家间与企业间的合作和统一贸易文件与报表等办法，将这种职能从边界上转移开去。人员过境检查主要涉及身份与安全检查以及个人物品的税务检查两方面。在身份检查方面，共同体已就共同护照达成了协议。作为取消边境检查的第一步，执委会准备建议发放和佩带一种身份证或识别标记以代替护照检查。安全检查涉及到防范毒品、武器及其他违禁品走私，以及阻止恐怖分子与罪犯流窜，问题较为复杂。白皮书建议成员国之间就武器的买卖与拥有、毒品走私、罪犯引渡、移民控制、入境签证等事务，尽早达成共同立场和采取统一行动。税务检查的取消则有待于共同体内的税务协调。

其次是技术障碍。主要是指各国技术标准、法律规定和政府政策的不同而导致的流通障碍。为了消除这些障碍，执委会强调要协调成员国国内立法和制订共同体标准。同时建议，技术标准的制订应以最低的基本要求为限，以免使它们成为阻挠技术进步与产品更新的障碍。在一些并不需要或还不可能协调和统一标准的场合，白皮书建议相互承认对方的标准与质量检验，允许商人和消费者自由选择，从而先使商品流动起来。具体来看，需要协调和统一有关知识产权的规定；相互承认学历学位；统一职业培训标准；保障自由选择职业地点和居民居住地点；协调贸易政策；制定有关银行、保险、证券交易和交通运输、通信方面的共同政策和措施。与消除现有障碍同样重要的是防止新障碍的产生。对此，理事会要求各成员国将计划实施的有关立法与技术标准先期通知执委会。而各国在执委会就有关立法与标准是否构成技术障碍做出判断之前，暂不实施该立法或标准。运输业对商品贸易有重大影响，白皮书要求废除公路运输的数量限制和允许个人与企业开展跨国界业务，同时建议协调各国对运输业的援助政策，以及道路、港口、机场等设施的使用与管理等。在促进自由职业者自由提供劳务方面，白皮书通过指令要求相互承认高等教育机构的学历学位，并协调各类人员的职业资格。进一步工作还包括促进教育设施间的合作，鼓励学生的跨国界流动以及协调所得税和放宽居住控制等。在金融、保险与证券等行业，执委会计划制订一些最基本的经营规则和监督立法。一方面推动有关企业自由开展跨国界业务，一方面使这些市场开放后能继续保持其稳定性和可靠性。在消除资本流动障碍方面，执委会建议废止残存的外汇控制，进一步开放证券发行、买卖和抵押等业务。以此促进资源在共同体内更为合理的配置与利用，使共同体经济获得它所需要的效率与竞争力。

再次是税收障碍，包括协调增值税率、营业税税率等。成员国不同的税收规定阻障了商品、人员、劳务和资本的自由流通。同时它还通过对价格的影响而破坏内部市场的正常运转。清除税务障碍主要是协调间接税税基和税率。税率结构在各国有很大差别。在各成员国现行增值税制度中，只有英国和丹麦是单一税率制。比利时、法国及意大利的税率层次则多达四五级之多，幅度差别也较大。白皮书建议，为最终完成税率协调，先冻结各国现有税率，使它们在数量与水平上的差距不再扩大。然后逐步缩减税率层次，争取缩减至除标准税率外只能再有一至二个辅助税率。由于增值税和消费税是在产品消费阶段征收的，因此，在一成员国市场上流通的产品，出口时可以向本国税务机构要求退税，在进入另一成员国时又需重新纳税，手续很繁复。为此，需要建立成员国之间的税务清算制度以消除边界的税务职能。

关于劳动力的自由流动，按照《统一欧洲文件》的规定，欧洲议会已经在某种程度上被授予参与共同体立法的权力。此后，欧洲议会将在消除以国籍为由的歧视、制订保证劳动者自由流动的措施以及实现企业开业自由诸方面，发挥立法上的积极作用。但实现劳动者在共同体中自由流动依然是个很严峻的任务。因为对绝大多数成员国来说，失业问题还是个令人头痛的问题，安排本国的失业者就业是各成员国的当务之急。劳务的自由流动也面临着不同程度的障碍。既有成员国各国的立法差异原因，也有各成员国同业公会间的利害不一致问题。这些可望通过在银行、证券交易、租赁及保险等服务行业领域，率先推行统一的营业许可证制度来获得突破。

为了推动资本的流动自由，1986年11月，欧洲共同体财政部长会议通过一项决议，旨在废除各成员国对跨国界金融交易所施加的限制。内容包括：取消对本国居民买卖其他成员国债券及股票的限制，放宽对其他成员国公司、企业在本国发行债券及股票的限制；取消对为买卖债券而取得长期商业信贷的管制。这个决议的贯彻执行将使共同体各成员国的公司与个人能够对任何成员国企业投资，同时将使各成员国的金融机构和公司能够自由地在共同体内发行债券及股票。这对统一金融市场的形成将起到重大推进作用。作为补充，会议还发出了一个《银行立法协调指示》，要求各成员国应确保其他成员国银行在各国开设分行的完全自由。1987年6月以后，以欧洲货币单位为计量筹码的支付凭证及有价证券在整个共同体内的合法化，对于资本的自由流动起了一定的推动作用。1988年5月的欧共体各成员国财长及中央银行行长会议决定，自1989年起逐步消除全部外汇管制。

到1993年初，欧共体各国基本拆除了边界障碍，欧洲统一大市场的建设完成。在统一市场内，统一的产品标准和简化的过境手续或免检制度，简化和消除了贸易上的技术障碍；以往各成员国之间公司、企业商品进出口的双重税收制度改为实行公司、企业出口一方缴纳公司税制度；实行统一征收最低15%的增值税率和57%的高消费品税率制度；政府采购公开化，成员国政府的各种商品、劳务采购合同和公共工程承包合同，面向所有成员国的厂商公开招标；各成员国居民持有欧共体内通用的统一护照，可取消其过境检查手续；各成员国行政当局颁发的文凭在欧共体内得到相互承认，各国居民可以同等资格在各成员国内享受与当地公民相同的就业、工资、社会福利、开办企业、设立机构的权利，以及集体谈判、受教育的权利，甚至有权被选举担任当地的地方公职；各国对外汇和金融市场的控制解除，各成员国之间的银行、金融机构可相互在对方国内开设总、分支行或机构，并按统一大市场的规定进行营业活动。此外，统一大市场的配套政策也开始实施。主要是跨欧洲的交通运输、能源和电信网络的发展；公路、水路和航空运输的自由化；加强能源领域的合作和实现能源部门自由化等。

为了保证统一大市场的顺利运转，欧共体一直致力于缩小成员国间经济发展的差距。用于援助经济落后成员国而设立诸如欧洲地区发展基金、协调基金等，统称"结构基金"。《单一市场文件》明确规定了结构基金的五个目标：一是促进共同体经济落后地区的发展。主要是指人均GDP不到共同体平均水平75%的地区，大约包括欧共体1/4的人口。这类地区包括整个爱尔兰、希腊和葡萄牙，58%的西班牙，36%的意大利，3%的英国和法国，德国的新建州。这类基金占结构基金预算的67.7%。二是促进工业衰退地区的经济转型和结构调整，主要包括煤矿钢铁、纺织和造船业等就业严重衰退的地区，占欧共体17%人口。对该目标地区的资助占结构基金预算的11.1%。三是解决长期失业者的就业问题，为年轻人提供工作机会，使失业工人重新进入劳动力市场，消除人们被劳动力市场排除在外的危险。四是培训适应产业调整和新技术的劳动力。目标三和目标四不是地区化的目标，范围覆盖整个共同体，但只可用结构基金的11%。五是加快农业和林业产品生产过程和市场结构的适应性改变，促进农村地区的发展。对这类地区的资助占结构基金的9.9%。

《单一市场文件》还规定了使用结构基金的四项基本原则：一是集中性原则，就是把结构基金的使用集中在落后地区和人群。而结构基金的不同种类所集中使用的领域和目标也有所不同。欧洲地区发展基金主要用于促进生产投资、加快基础设施的现代化并促进落后地区的发展。欧洲社会资金的援助对象主要是长期失业者和年轻人，对以改善职业训练、创造自我就业为目标的各种措施提供援助。欧洲农业指导与保证基金主要集中在有关农业地区开发的援助上。二是规划性原则，就是要制定一个延续几年的长期规划，以保持政策的稳定性、连续性和有效性。三是伙伴关系原则，指的是欧共体、成员国和地方三个层次之间保持协调和配合，以提高结构基金的使用效率。这一原则贯穿于地区政策的准备、谈判、实施、跟踪和评估等各个环节。四是附加性原则，指的是结构基金不能取代国家层次相关基金的使用，而是对成员国金融政策的补充，成员国必须始终让公共开支维持在每个规划初期的水平。

结构基金的使用大大缩小了成员国间反映经济发展的人均 GDP、生产成本、工资、社会保障条件等指标上的差距，而成员国间经济发展的差距将进一步缩小，统一大市场将得到进一步的巩固，并为发行共同货币做好准备。此外，共同体为了防止资本市场的集中化，准备采取积极措施鼓励区域性金融中心的发展，同时对跨国公司在落后地区的投资予以鼓励。为了抵消统一劳动市场下人才集中趋势对落后地区的不利影响，欧共体拟采取有力措施鼓励核心地区的企业把某些研究与开发项目分散到边缘地区去进行。

商品与生产要素流动都有支付问题，所以为了保证统一大市场建设的顺利进行，还涉及货币一体化问题。因为货币汇率的波动使人们难以预测贸易与投资的收益，因而不利于贸易与投资的开展。1950 年，欧洲支付同盟的诞生意味着正式开启欧洲货币一体化进程。1979 年，欧共体建立了欧洲货币体系（EMS），在成员国间开展了紧密的货币合作。其主要内容是创立了欧洲货币单位（ECU，埃居）；建立了维持成员国货币汇率稳定的机制；扩大了欧洲货币合作基金用于成员国对外汇市场的干预。欧洲货币体系的启动不仅促进了欧洲经济一体化的发展，其更突出的意义是旨在欧洲建立一个较为稳定的货币区。

欧洲货币单位虽然只是一种综合性的核算指标或筹码，还不具备货币形式，但它实质上已带有一种准货币的性质。多年来，由于欧洲货币单位的价值比较稳定，因而作为国际货币体系中一种重要货币被大多数国家承认，并在贸易、投资和私人场合广泛使用。以欧洲货币单位计量的债券发行越来越多，银行信贷业务与存款业务也多以欧洲货币单位计量。在欧洲共同体中，贸易、交通、运输、保险、电讯、邮政、旅游等行业的业务结算，也表现出越来越以欧洲货币单位为筹码的趋势。共同体内跨国公司的总公司与分公司彼此间的标价、发货、支付等环节，也往往以欧洲货币单位为通用筹码。共同体各成员国公司之间的结算与支付也多使用欧洲货币单位。共同体内的旅行支票以欧洲货币单位计量的越来越盛行，在法国和意大利甚至出现了共同体内通用的定额旅行支票。

为了进一步推动货币合作、巩固和发展统一大市场，共同体通过《马斯特里赫特条约》制定了经济货币联盟计划。内容包括完成与内部市场相一致的政策协调，建立内部固定汇率制，建立欧洲中央银行发行统一货币。经济货币联盟计划分三步实施。1990年7月1日起实施经济货币联盟的第一阶段，开始协调各成员国之间的货币政策。1994年1月1日开始实施经济货币联盟的第二阶段，这是向单一货币体系过渡的关键时期，要求各成员国的经济、货币政策向一致性的方向发展，在利率、通胀率、国债及财政赤字方面趋于同一标准。为了实现单一货币目标，欧盟制定了所有成员国必须遵守的经济趋同条件。即所谓的"趋同标准"：一是与通胀率最低的三个成员国相比，近一年的通胀率对此三国平均值的偏离不超过1.5个百分点；二是政府财政不再有过度赤字，即预算内赤字与累计债务分别不高于国内生产总值的3%和60%；三是近两年的货币汇率基本保持在欧洲货币体系汇率机制许可的波动幅度内，且未出现贬值；四是与通胀率最低的三个成员国相比，近一年的平均长期利率对此三国平均值的偏离不超过 2 个百分点，在欧洲货币体系内连续两年保持货币稳定。此外，各国还签署了对未来可能再度不合乎标准的国家给予惩罚的机制。在此阶段，多数成员国都执行了十分严厉的紧缩政策，以争取在 1998 年上半年审核时达到标准，获得首批实行单一货币的资格。已成立的欧洲货币局的主要任务就是对各国的货币政策进行监督，为下一阶段发行欧洲统一货币创造条件。根据欧盟制定的目标，最迟于 1999 年起进入经济货币联盟的第三阶段，建立欧洲中央银行和运行欧洲中央银行体系，制定和执行统一的货币政策，并最终使成员国向单一货币过渡。

根据欧盟十五国 1995 年 12 月马德里首脑会议决定，未来的欧洲统一货币被命名为"欧元"，欧元正式启用后，各成员国的货币和欧洲统一货币将同时在市面上流通。欧盟各国的政府预算、国有企业和政府部门的财务活动、国家债务"将以统一货币计算"。欧元作为统一的欧洲货币正式发行时，将取代各成员国的现有货币。按照计划，1999 年 1 月 1 日，欧元作为"账面货币"问世和启动，截止到 2002 年 7 月 1 日，欧元成为了欧元区内各国家唯一的货币。欧元的诞生和欧元区的建立使欧元跻身为世界货币，在国际储备和金融市场中占有重要地位。这不仅是欧洲经济一体化的里程碑，也标志着欧洲一体化又向前迈出了一大步。

五、滞后的政治一体化

早在1950年，针对朝鲜战争爆发后美国希望重新武装德国的战略意图，时任法国总理的普利文曾提出一项欧洲防务共同体计划，目的是将德国纳入到超国家的军事共同体中，以此来避免再次被武装起来的德国威胁欧洲地区的安全。1952年5月27日，法、德、意、荷、比、卢六国签订了《欧洲防务共同体条约》。该条约赋予了欧洲防务共同体以超国家特性，并明确指出未来在这一组织的领导下实现西欧军事力量尽可能全面的一体化。随后，六国还提出了欧洲政治共同体设想，即将防务共同体和煤钢共同体共同纳入欧洲共同体之中。但随着朝鲜停战的实现，法国国民议会于1954年最终否决了自己在四年前提出的条约，欧洲人尝试建立防务共同体和政治共同体的最初努力宣告失败。联邦德国总理阿登纳在回忆录里把这一天称为"欧洲不幸的日子"。1961年2月，欧共体巴黎首脑会议为推进欧洲政治合作，决定成立以法国驻丹麦大使富歇为首的委员会。同年11月出台的"富歇计划"建议以政府间合作的形式组织欧洲政治联盟，在外交、安全和科学技术领域进行交流合作。然而，由于其他成员国对法国意图的怀疑，加之拟议的联盟与现存欧洲煤钢共同体和欧洲经济共同体的合作框架相重合，富歇计划最终被否决。

为了在政治统一方面取得进展，欧共体各国决定降低政治联合的起点，首先在外交领域进行合作，以此作为迈向政治联盟的过渡性步骤。1970年10月，六国外交部长理事会通过了关于欧洲政治联合的报告，即《卢森堡报告》。报告规定成员国加强政府间合作，并逐渐致力于协调各国的外交政策，强调各国外长定期交流与协调，以此建立外交事务的磋商性合作机制。这一报告首次为欧洲政治合作建立了政府间机制，成为欧洲政治合作进程的开创性文件。但这种政治合作还仅属于共同体体制之外，并无正式条约作为规范依托，它的决策及实施完全从属于各国政府的意愿，且严格遵循协调一致的原则，对成员国的行动并无强制约束力。因而，欧共体的政治一体化长期处于较低的层次上。1973年，欧共体九国又通过了第二份加强欧洲政治合作的《哥本哈根报告》，正式提出要在国际社会中"用一个声音说话"的目标，规定政治磋商的目的在于寻求具体问题上执行共同政策，凡涉及欧洲利益的问题，在未经磋商之前，成员国不得做最后决定。报告建议各国指派专员组建成欧洲联络小组，以强化各国加强外交政策协调这一目标，同时增加外长会晤次数以及政治委员会的集会次数，从而将欧洲政治合作从口头表态推向了实际操作层面。

1974年底，欧共体巴黎峰会达成了政治合作设置新机制的共识，决定成立欧洲理事会作为欧共体的最高领导机构，负责制定欧共体的政策。且每年三次召开各成员国政府首脑和外长会议讨论共同体事务和对外政治合作问题。1975年底通过的《廷德曼斯报告》,建议政治合作要尽快转变为真正的共同外交政策。此外,报告还提到成员国应就欧盟防务的问题和涉及安全的问题交流意见,以形成共同的防御政策。1981年的《伦敦报告》则提出了加强政治合作、共同委员会参与外交政策、认可欧洲议会加入政治合作的项目。然而,此时的欧洲合作机制依旧处于欧共体体制之外,对于外交决策而言,依旧没有实质性的权力。

1986年2月出台的《单一欧洲法令》标志着欧洲政治合作迈出了实质性的一步。该法令规定:欧共体各成员国努力创建并实施一项欧洲外交政策;各方保证就外交政策问题互通情报并进行磋商,以确保通过协调共同立场和联合行动尽可能有效地发挥影响;各方应保证欧洲议会与欧洲政治合作在外交政策上有紧密的联系;欧洲共同体的对外政策应与在欧洲政治合作中制定的政策保持一致。至此,欧洲政治合作第一次被赋予了法律基础,而且为了更具有实际的操作性,《单一欧州法令》对共同体的活动范围和决策机制进行了修改和补充,规定在保持各自结构体制和法律依据的前提下,将欧洲政治合作纳入欧洲共同体,使二者致力于"推动欧洲联合的切实进程"这一共同的目标。

至此,欧洲政治合作经历30多年的发展历程,形成了一整套组织机构并进行了若干次实践,涉及的地区有中东、南非和南美,涉及的议题涵盖保障人权、打击恐怖主义、调停地区冲突、防止核武器扩散等,采取的措施主要包括发表共同声明和开展维和行动。这些共同行动取得了一些初步成果，但与同期经济合作取得的巨大进展相比，这一时期欧洲政治合作仅仅处于起步阶段，更类似于一个交换意见的论坛，它可以在不具争议性的问题上为成员国提供宣布立场的舞台，但一旦涉及重要且具有争议性的问题时，就显得效率低下。

欧洲政治精英们认为，政治合作之所以程度较低，是因为它没有法律规定的地位，也没有执行力强、密切配合的组织。因此，应该为政治合作建立制度性框架。1991年底签订的《马斯特里赫特条约》，决心实施一项共同外交和安全政策，包括最终制定一项可适时走向共同防务的政策。于是，欧洲共同外交与安全政策取代欧洲政治合作成为欧洲联盟第二支柱。《马约》规定了欧盟共同外交与安全政策的决策单位、性质、涉及的主要领域和表决方式。此外，还把西欧联盟①纳入了共同外交与安全政策范围内，共同参与欧盟防务问题上的决策并组织行动。1992年6月，西欧联盟在彼得斯堡举行成员国部长理事会，会后发表的《彼得斯堡宣言》称：为了进行人道主义救援、维和、应对突发危机等行动，决议组建西欧联盟军队。后来宣言中所宣称的行动被称为"彼得斯堡任务"。自此，西

---

① 1954年10月23日，英国、法国、荷兰、比利时、卢森堡、联邦德国和意大利签署《巴黎协定》，宣布将布鲁塞尔条约组织更名为西欧联盟。西欧联盟的宗旨是增强成员国的集体防御能力。但由于当时的欧洲防务主要依靠北约，西欧联盟作为完全由欧洲大陆国家组成的防务性组织，并没有设立日常性的机构，这极大地制约了其在欧洲防务一体化中的作用。因此，可以看出，西欧联盟自成立开始就被人们当作北约的一个部分，在其被纳入欧盟之前几乎没有任何成果，其象征性的意义大于实际意义。

欧联盟在欧盟自主防务政策框架下开展了一些实质性的行动,逐步地推动了欧盟共同防务政策的发展。

1997年6月的欧盟峰会上,各国签署了《阿姆斯特丹条约》。《阿约》明确提出了"共同战略"这一新工具,使得共同外交和安全政策的决策过程更为细化。在共同外交与安全政策的决策机制上,扩大了特定多数表决机制的运用范围,并且在新条约中加入"灵活性原则",从而使得赞同共同政策的国家在某些问题上可以先行一步。条约还规定欧盟理事会秘书长兼任欧盟共同外交与安全政策高级代表和西欧联盟秘书长。《阿约》再次强调西欧联盟承担执行维和行动、参与制定欧洲安全事务政策等任务,将共同外交与安全政策的行政及军务开支纳入共同体预算。这意味着欧盟在共同外交和自主防务建设上拥有了更大的主动权。与此同时,南联盟危机中暴露出欧盟在共同战略、对外行动能力方面的欠缺,使得以英国为首的反对共同防务的国家态度发生了改变。1998年底,英法发表《圣马洛宣言》。宣言称欧洲联盟必须具有采取自主行动的能力,并得到可信的军事力量、决定使用这种军事力量的手段以及使用军事力量的准备,以便对国际危机做出反应。1999年6月,欧盟科隆首脑会议通过《关于加强欧洲共同安全和防务政策的声明》,重申了《圣马洛宣言》中关于加强欧盟军事行动能力、建设欧盟防务力量的条款。此外,声明宣布设立相应的共同安全和防务政策机构,这开启了欧洲防务合作的大门。在随后的赫尔辛基首脑会议上,欧盟提出了在2003年底前建立一支5万—6万人的快速反应部队等具体规划。欧洲自主防务建设正式启动。

2001年3月，欧盟十五国签署了《尼斯条约》，对欧盟机构和决策机制进行改革。包括减少委员会人数、赋予了委员会主席以任命副主席和决定委员去留的权利。并且委员会主席的任命不再由成员国一致同意，而改为由欧洲理事会以特定多数表决决定。此外，《尼斯条约》再次扩大了特定多数表决的范围和票数计算规则。在成员国合作方面增加了旨在促进成员国更加紧密合作的条款。在否决机制问题上，改变原来的单一国家可以阻止理事会通过这种合作的规定，实质上取消了一票否决原则，使得某些合作可以有条件地被放行，从而增加了欧盟共同政策的出台几率。

2004年6月18日，欧盟25个成员国在布鲁塞尔举行首脑会议，一致通过了《欧盟宪法条约草案》。草案在共同外交与安全政策方面做了进一步详细规定：设立欧洲理事会主席和欧盟外交部长，组建外交部，以更稳定的官僚体制取代原先走马灯式的轮值主席制度，保障了政策的效率和一致性；改革欧盟委员会委员人数；扩大欧洲议会的权力使之与欧盟委员会共同享有财政决策权，以提高政策的民主性、合法性；为加大欧盟出台政策的效率改革了欧盟委员会复杂的投票分配机制，代之以双重有效多数机制。即一项决议只要获得55%成员国支持，且这些国家能代表欧盟人口的65%，就可在欧盟委员会获得通过；欧盟成员国须尽其所有的军事和民用能力来支持欧盟共同防务建设，而欧盟共同外交与安全政策的最终目标是实现防务一体化。但遗憾的是，条约草案在随后的成员国公投中遭遇挫折。

2007年1月，欧盟重启《欧盟宪法条约》谈判。并最终于年底签署《里斯本条约》作为替代。新条约将欧盟的共同安全与防务政策摆在了更高地位。在共同外交和安全政策框架内，设立常任欧洲理事会主席职位，取消每半年轮换一次的轮值主席制度。主席任期两年半，可以连任。从而将欧盟最高权力机构欧洲理事会，由成员国首脑会议机制转变为欧盟的固定机构。将欧盟负责外交和安全政策的高级代表与欧盟委员会负责外交的委员两个职务合并，设立欧盟外交和安全政策高级代表一职，全面负责欧盟对外政策。在表决机制上，扩大"有效多数表决制"决策的范围，以简化决策过程，提高决策效率。并逐步以"双重多数表决制"（即55%的成员国和65%的欧盟人口）取代"有效多数表决制"。应该说，《里斯本条约》的相关条款为共同外交和安全政策的发展注入了活力，也为共同外交和安全政策发挥实质作用做出了贡献。

迄今，欧盟共同外交与安全政策经过20余年的发展，已经成为一套可以进行自身决策、表决和执行的，拥有一定民事和军事能力的，包括北约、联合国、非盟在内众多国际组织广泛合作的，欧盟应对安全问题的重要政策机制。但不可否认，这一机制还依然存在着许多制约因素，如内部欧洲主义与大西洋主义的派别之争，以及外部国家对于欧盟共同外交与安全政策的影响等[1]。

以法国为代表的持欧洲主义立场的国家被称为欧洲派，

---

[1] 章娟：《欧盟共同外交与安全政策：从内生到外化》，吉林大学博士学位论文，2013年。

以英国为代表的持大西洋主义立场的国家被称为大西洋派,两派在共同外交与安全政策的具体议题领域尤其是防务政策问题上总是持对立的立场。其中,欧洲派在共同外交和安全方面,强调逐步加强欧盟的自主性,主张建立"欧洲人的欧洲"。在共同外交方面,希望通过推动共同外交的发展使得欧盟最终可以用一个声音说话。在自主防务方面,主张在军事上逐步脱离以美国为首的北约所提供的保护伞,推进欧盟自主防务力量建设。希冀以防务力量作为支撑,最终得以从各方面摆脱美国对欧洲的控制。而大西洋派多是与美国保持着良好外交关系的国家,认为美国在欧洲的存在有利于维护欧洲的稳定和安全,因而反对将美国排除在欧洲事务之外。它们反而认为欧盟发展共同外交与安全政策应该以美国在欧洲的存在为前提。另外,大西洋派国家在共同外交和安全政策方面持谨慎的态度,认为欧盟可以发展共同外交与安全政策,但外交和防务方面的主权让渡必须保持在一定限度之内,不能赋予欧盟以太大的自主权。

外部的制约因素主要来自美国及其领导的北约。美国对于欧盟发展共同外交与安全政策一直持矛盾的立场。一方面,美国希望欧洲能帮助其分担一部分的防务责任;另一方面,美国又担心欧盟共同外交与安全政策的发展会对其在欧洲的政治和军事存在构成威胁,甚至对美国在国际社会的地位构成挑战。所以,美国虽然对欧盟的共同外交与安全政策并未表示出强烈的反对,反而还在很多的维和行动中将北约的任务移交给欧盟,让欧盟出动维和部队分担北约的军事重担。但与此同时,美国通过拉拢大西洋派，强化自己在欧洲的政治和军事存在，干预欧盟共同外交与安全政策相关议题的形成和实施，贯彻自己在欧洲的战略意图，以确保欧盟的共同战略和联合行动符合美国战略主张，防止欧盟与美国在关键问题上出现离心倾向，从而维护其在欧洲的领导地位。

  总之，欧盟要完成政治的一体化，各成员国就不得不在一些敏感领域放弃一些主权，而在这个民族国家占据主体地位的时代，成员国间的主权让渡依旧是欧盟政治一体化发展的最大障碍。另外，只要欧盟内部成员国之间存在欧洲主义和大西洋主义之争，欧盟共同外交与安全政策的发展过程就不可能摆脱美国的影响和制约。

六、欧盟东扩的成就与挑战

欧洲联合在共同体时期已有过多次扩大：1973年吸收英国、爱尔兰和丹麦，1981年吸收希腊，1986年吸收西班牙和葡萄牙。至90年代初，欧共体成员国增加到十二国。1995年又吸收了奥地利、瑞典和芬兰三国，形成了15个成员国的欧洲联盟。这次扩大虽然越过了冷战势力范围的分界点，但吸收的国家依然还是实行市场经济和西方民主的西欧国家。与历史上的四次扩大有所不同，"欧盟东扩"专指欧洲联盟将二战后一大批苏联控制下的原社会主义阵营国家纳入欧洲统一的进程。

欧盟东扩的实现，有赖于冷战结束后国际形势的变化。苏联的解体改变了国际格局，东欧国家走出苏联模式，摆脱了苏联的控制。这为欧盟东扩提供了契机。中东欧国家与西欧国家在地理上毗邻，文化传统和历史习惯上接近，可以说本来就是欧洲的一部分。转轨后，这些国家在政治上采取西方的自由民主体制，经济上实行西方的市场经济。但苏联势力的撤离也使得原先隐藏的各种矛盾，如边界冲突、宗教矛盾、民族问题等爆发出来，波黑战争、科索沃战争等地区和国家冲突不断。欧洲大陆严峻的安全形势表明，苏联解体后这一地区需要新的外部力量来平衡。全球化时代的安全具有跨国性，如果中东欧国家长期处于冲突战乱之中，西欧国家也不可能独善其身。可以说，没有中东欧的和平与安全，就没有欧洲大陆的和平与安全，也就没有西欧的和平与安全。①

形势需要西欧国家利用有利的地缘政治条件加强与中东欧国家的联系，把西方先进的安全机制移植到中东欧国家，用于解决边界冲突和种族矛盾，也需要把自身先进的经济发展理念、经验等拿来支援中东欧国家。而欧盟只有东扩，使这些冲突成为欧盟内部问题，才可能通过欧盟内部机制等渠道化解矛盾，保障欧洲的和平与稳定。与此同时，俄罗斯一直企图恢复自己在传统势力范围的控制力。拒绝中东欧就等于把它们送进俄罗斯的阵营。而中东欧国家再次被纳入俄罗斯的影响范围，对于西欧安全也是极大的威胁。何况中东欧国家地处亚欧大陆中心地带，欧盟吸纳这些国家后就据有了地缘战略上的优势地位，对欧盟的政治安全等方面将产生重大影响。因此，欧盟东扩也是欧盟争夺欧洲安全主导的一次尝试。

全球化的发展带来激烈的市场竞争，还有环境污染、恐怖主义、跨国犯罪等全球性问题需要各国应对。欧盟唯有继续推进欧洲一体化，深化内部机制改革和扩大成员国数量，在更广的范围上和更深的程度上加强欧洲的融合，加深与其他欧洲国家的联系，才能促进欧洲共同繁荣发展，应对全球化带来的挑战。而东扩后欧盟将囊括更多的

---

① 易文彬：《论欧盟东扩的安全动因》，《南昌大学学报》，2007年第5期。

欧洲国家，有利于欧洲更大范围和更深层次的融合。所以，欧盟东扩也成为增强欧盟实力的一次实践。

就中东欧国家而言，经济利益无疑是促使其加入欧盟的一个重要因素。入盟将意味着获得进入欧盟市场的通行证，与欧盟各成员国之间进行自由贸易，也将得到更多的外国投资。而且入盟本身就是对中东欧国家经济转型成果的一种肯定，这无疑有利于其吸引更多的外资。另一方面，现实和历史都表明，中东欧地区需要一种强大外力的制衡作用才能保持局势的稳定与和平，这些国家担心苏联的主要继承者——俄罗斯国力恢复后卷土重来，因此急于寻求一个"庇护伞"以保障自身的政治安全。虽然一些中东欧国家陆续加入了北约组织，但从地缘上来说，这些国家属于欧洲国家，在历史传统和文化观念等方面都与欧盟成员国有着千丝万缕的联系，欧盟作为一个相对成熟的国际组织，政治经济发展态势良好，加入欧盟无疑会带来政治安全和社会经济等各方面的利益，获得更强的政治安全保障。

不过，欧盟东扩经过了漫长的准备阶段。其原因正如欧洲中央银行行长杜森伯格博士所指出的，90年代初期让中东欧国家立即毫不延迟地加入欧盟是不具备可行性的。这同样不符合这些转轨国家自身的利益，特别是鉴于它们刚刚走出计划经济的实情，中东欧国家根本就没有能力在充满竞争的欧洲单一市场中存活下去。所以从开放市场入手，1991年12月起，波兰、匈牙利等中东欧国家分别被接纳为欧共体联系国，通过签订联系国协议以法律形式确定了欧盟与联系国的政治经济关系，协助联系国的经济体系逐步融入共同体既有制度中,欧盟与中东欧国家之间相互开放市场,并提出在10年过渡期内逐步实现商品、人员、资本、服务的自由流动,为入盟做好充分准备。

1993年6月,欧盟哥本哈根首脑会议首次承诺将接纳中东欧联系国入盟,并提出了新成员国入盟的标准,即"哥本哈根标准"。1995年,欧洲理事会马德里峰会又对"哥本哈根标准"进行了补充。最终形成的"哥本哈根标准"要求新入盟国家在入盟之前必须达到以下标准:实施民主政治并能维持民主制度的稳定,其中包括贯彻法制国家、多政党体系、保护少数族群以及尊重人权和多元主义等;实施一套可操作的市场经济体制,并且要能够经得起欧洲单一市场的公平竞争并满足效率的需求;有能力承担并且接受所有欧盟既有法律体系的权利与义务,包括认同欧洲政治、经济和货币联盟的目标;扩大行政机构以有效适用欧盟既有法规。此后,在欧盟的监督和引导下,中东欧国家加快了法律规范、制度重建及其相关政策调整的步伐。

1995年6月,欧盟戛纳首脑会议通过了《中东欧国家准备加入欧盟统一大市场白皮书》,规定了联系国最终与欧盟一体化的框架,提出采用欧盟共同体法①作为入盟谈判的重要内容,并敦促中东欧联系国在入盟之前进行大规模经济结构改造。1995年12月,欧盟马德里首脑会议正

---

① 欧盟共同体法,指包括《巴黎条约》《罗马条约》《单一欧洲法令》《欧盟条约》《马斯特里赫特条约》《阿姆斯特丹条约》《入盟条约》和《尼斯条约》在内的所有欧盟条约中包含的内容、原则和政治目标。此外还包括欧盟的二级法律、欧洲法院的管辖权、欧盟的宣言与决定、国际协定以及各成员国之间关于欧盟行动的协议。

式确立了"定期评估制度",由欧盟委员会起草对中东欧联系国的年度评估报告,欧盟首脑会议将根据评价报告做出有关启动入盟谈判进程的决定。1996年,欧盟又成立了"技术援助与信息交流委员会",按照欧盟的法规、执法机构及相关法律设施的标准,对中东欧国家的法律调整过程予以技术性的咨询指导。① 1997年7月,欧盟委员会通过了第一份入盟评估报告——《2000年议程》,建议从1998年1月起同"卢森堡集团"六国②开始入盟谈判,同时就东扩引发的共同农业制度改革、结构政策改革和财政框架问题启动欧盟自身制度的改革进程。

此阶段,欧盟起到了协助和引导中东欧申请国制度转轨的作用,将制度转轨的主动权交到申请国自己手中,以充分发挥申请国制度变革的主动性。中东欧各国为了争取被欧盟尽早列入第一批东扩名单,做出了全方位的政策调整与制度变革,积极主动地向欧盟政治经济制度标准靠拢。例如在巩固市场经济制度方面,中东欧申请国普遍制定了《反垄断法》,以打破垄断,鼓励竞争;为向欧盟财政体制靠拢,申请国大幅度削减生产性财政补贴,统一所得税,设置增值税,简化税率。短期内完全取消欧盟工业品的进口关税,放松对资本进出入的限制,逐步实现了货币国内可完全自由兑换制度和管理式自由浮动汇率体制。

1997年12月,欧盟卢森堡首脑会议正式启动了欧盟向中东欧扩展的进程。除了正式决定同中东欧首批六国开

---

① 崔宏伟:《中东欧国家加入欧盟进程:战略选择与政策调整》,《东欧中亚研究》,2002年第2期。
② 波兰、匈牙利、捷克、斯洛文尼亚、爱沙尼亚和塞浦路斯。

始入盟谈判，会议还决定与申请国就经济、政治、外交、安全、司法以及内政领域加强合作进行磋商。1998年3月，欧盟各国外长和中东欧六国外长在布鲁塞尔正式开始了入盟谈判进程。谈判的内容与标准涵盖了候选国工业、农业政策、社会保障、司法和内政、财政监督、金融、贸易、外交、安全等各个领域，并由欧盟委员会一一核查验收。1999年10月，欧盟委员会公布了一份名为《东扩的制度影响》报告，强调及时进行制度机构改革是适应东扩需要必不可少的举措，提出"决不能因为欧盟自身的制度改革尚未到位而延迟东扩"的呼吁，建议所有中东欧候选国都获得入盟谈判资格。同年12月，欧盟赫尔辛基首脑会议根据欧盟委员会1999年度入盟进展报告的建议，决定邀请"赫尔辛基集团"六国[1]开启入盟谈判。

赫尔辛基会议还决定召开2000年度政府间会议，解决1997年阿姆斯特丹会议遗留的制度议题，调整欧盟制度机构的运作方式，做好接纳新成员的准备。2000年底召开的欧盟尼斯首脑会议，对于欧盟东扩后的制度机构改革做出了六大领域的重大调整，为东扩后的制度架构和欧盟全面制度改革铺平了道路。2001年6月，欧盟理事会在瑞典哥德堡举行首脑会议[2]，确定了"择优录取"的东扩策略，强调将实行区别对待的原则，将继续只根据申请国取得的成绩对申请国做出评判。这种原则将能使准备得最好的国家在谈判中前进得更快，同时也为其他申请国提供赶上来

---

[1] 保加利亚、罗马尼亚、立陶宛、斯洛伐克、拉脱维亚和马耳他。
[2] 《欧盟理事会哥德堡会议主席结论文件摘要》，《参考资料》，2001年7月4日。

的机会。为了消除中东欧候选国的担心，欧盟还表示，东扩进程是不可逆转的，在2002年底以前做好了准备的加盟申请国可以签署加盟条约。与此同时，会议还决定在欧盟理事会的结构和工作方式方面进行进一步改革，以提高东扩后欧盟的工作效率。

2002年6月的欧盟塞维利亚首脑会议提出，欧盟的目标是在2003年之前结束入盟谈判，使得符合条件的候选国得以参加2004年的欧洲议会选举。2002年10月，欧盟布鲁塞尔首脑会议根据欧盟委员会最后一份年度入盟进展报告——《迈向一个扩大的欧盟》提交的建议[①]，决定于年底结束同塞浦路斯、捷克、爱沙尼亚、匈牙利、立陶宛、拉脱维亚、马耳他、波兰、斯洛伐克和斯洛文尼亚十国的入盟谈判，并于2004年接受这些国家为欧盟成员国。2002年12月13日，欧盟哥本哈根峰会做出了历史性的决定，正式邀请中东欧十国入盟。至此，欧盟成员国和候选国终于结束了漫长的谈判过程。在经过签署入盟条约和批准手续后，十国于2004年5月1日起正式成为欧盟成员国。

这次规模空前的扩大[②]，从根本上改变了欧洲的政治版图，使欧盟占据了欧洲政治的主导地位，极大提升了欧盟的国际影响力。与东扩前相比，欧盟的面积增加了27.79%，达到450多万平方公里；人口增加了26.8%，

[①] 梁晓华：《国际观察：欧盟东扩进入决定性阶段》，《光明日报》，2002年10月17日。
[②] 2007年罗马尼亚和保加利亚的加入，2013年克罗地亚的加入，亦属于这次扩大的余波。

达到 5 亿多，人口数量仅次于中国和印度，超过美国；经济总量增加了 11.3%，根据世界银行的统计数据，超过美国位居世界第一。欧盟一举成为世界上最大的区域经济体和最重要的政治行为体之一。

　　东扩的成功有助于整个欧洲的和平与稳定，让欧盟收获了巨大的安全红利。欧盟在中东欧国家内建立起西方的价值体系，扩展了西方民主自由的价值共同体，实现了制度的延伸。欧委会主席普罗迪称，东扩为欧盟"捍卫欧洲社会模式和发展价值观增加了政治资本"。通过经济和政治的一体化，把西欧几代人所拥有的和平、稳定和繁荣区扩大到中东欧，不仅有助于巩固中东欧国家业已取得的多元化政治和市场经济改革成就，而且有利于避免冲突乃至战争，确保了东部持续稳定和发展。欧盟扩大事务委员京特·费尔霍伊根认为："东扩进程最首要的意义就在于它能够确保欧洲大陆整体的政治稳定、民主制度和尊重人权。我们正在创建一个跨大西洋的民主国家共同体——它能够在世界范围内捍卫我们的共同价值。东扩进程还可以为中东欧候选国内部之间更高程度的政治稳定做出贡献。我们正在减少潜在的地区冲突风险。比如说，现在中东欧的少数民族的保护机制已经比几年前要强多了。回顾 20 年前西班牙和葡萄牙加入欧共体的时候，欧盟扩大的主要目的也是实现政治目标：我们希望防止进一步的独裁；我们希望牢固建立民主制度。同样的目标适用于今天。我们的目标就是促进政治和经济稳定——并且努力使这一进程不可逆转。"① 总之，欧盟对塑造利益攸关区域的安全与稳定发挥了重要作用，使得欧洲告别了战争，走上了和平发展的道路。同时，欧盟通过不断扩展和平、安全和价值共同体提升了自身的政治分量，扩大了政治影响力。在吸收中东欧国家入盟过程中，欧盟成功地输出了其"规范性力量""转型性力量"，成为全球瞩目的规范性或转型性行为体。更为重要的是，欧盟推行的区域一体化模式，已经成为全球范围内各种形式区域一体化的标杆，是人类探索合作、避免冲突和寻求和平的伟大尝试。欧盟东扩毫无疑问是一个"成功故事"。②

除了政治安全收益，欧盟通过东扩扩大了内部市场，为核心成员国的发展创造了巨大的发展空间，为整个欧盟的发展提供了新的动力。欧盟成员国将人力资源、研发项目以及资本密集型产品与中东欧的劳动密集型产品相结合，在国际市场上更具价格优势和竞争力。这突出表现在东西欧产业尤其是汽车制造业的高度融合上。依靠中东欧的区位优势，德国主要汽车生产商将大量产能转移到东欧，从而在欧洲和全球市场的竞争中获得优势。中东欧国家也高度融入德国汽车制造的价值链当中，甚至参与了一些复杂和精密技术产品的生产。在欧盟的积极推动下，中东欧成员国为西欧重要产业提供了一个更为优良的发展平台，提高了欧盟企业的国际竞争力。与此同时，欧盟大市场对外部世界的吸引力也日益增强。目前欧盟是世界上最

---

① 姜国权：《欧盟东扩的阶段划分及其对国际政治产生的影响》，《北京科技大学学报》（社科版），2008年第9期。
② 刘作奎：《"深化"还是"扩大"？》，《欧洲研究》，2014年第4期。

大的外部投资目的地、全球最大的对外贸易行为体。东扩后，欧盟签署了涵盖地域广泛的自贸区协定，涉及世界各大洲为数众多的国家。根据欧盟的要求，绝大多数中东欧国家采取了积极的吸引投资计划方案，加大财政和金融支持力度来降低外部投资者的投资成本，而且比起西欧市场，中东欧已经具有生产成本优势——劳动力素质较高而工资较低，因此成为外资青睐的对象。

当然，这次规模巨大的东扩也给欧盟的发展带来了种种问题。因为东扩的目标不仅仅是要接收这些国家的入盟，而且还要使新成员国能真正地融入到欧盟当中，最终提升欧盟的实力，促进欧洲一体化的发展，并在欧洲形成持久稳定的和平。这也意味着东扩后的欧盟必将面临巨大的挑战，新老成员国间将经历一个艰难的磨合期。因为此次欧盟扩大的一个特点就是入盟国家数量多，超过前几次扩大的数量之和，新老成员国的经济制度和经济发展水平均各有不同。尽管中东欧国家已经为加入欧盟进行了一系列政治经济改革，但要在短时间内完全消除它们与欧盟老成员国的巨大差距是不可能的。

根据欧盟统计局 2006 年公布的欧盟国家 2003—2008 年（包括三年的预测值）的人均国内生产总值的比较值，中东欧成员国的人均国内生产总值都处于欧盟平均线以下。其中排名靠前的是塞浦路斯和斯洛文尼亚，其人均 GDP 相当于欧盟平均水平的 80%；其次是捷克和马耳他，相当于平均水平的 70%；匈牙利和爱沙尼亚位居中游；排名最后的是斯洛伐克、立陶宛、波兰和拉脱维亚，这些国家人均大约为欧盟平均水平的一半。2007 年保加利亚和罗马尼亚的入盟，更是拉大了欧盟成员国间贫富悬殊的距离。这两国的人均 GDP 仅相当于欧盟平均水平的 30% 多一点，最富的老成员国和最穷的新成员国人均国内生产总值差距高达 7 倍。特别是中东欧国家的农业在经济中占较大比重，而且技术落后，农产品价格也比较低。欧盟东扩后，势必要拿出很大一部分款项来帮助它们进行改革。同时，这些国家有大量的贫困地区也需要援助。欧盟补贴农产品和支援贫困地区的负担本来已十分沉重，在欧盟财政预算分配中，对农业的补贴和结构基金①两项加在一起占全部预算支出的 80%（其中农业津贴 47%，贫困地区支援 33%）。这些经济相对落后的中东欧国家入盟，不仅使欧盟要拿出更多的资金援助，进一步增加欧盟的经济负担，而且还使欧盟的援助资金倾斜于它们。这样的分配方式不仅会使贡献国和受益国之间产生矛盾，也会使受益国之间因为获益不均而摩擦不断。而且，中东欧国家入盟后，显著的经济和社会发展分层和不平衡使欧盟大致形成了中心区域和边缘区域。中心区域经济发展水平较高，主要包括北欧国家，英、法、德、意、西等大国以及荷、比、卢、奥等中小国家。中东欧新入盟国家则成为边缘国家。在建设和完善统一大市场方面，经济发展不平衡将会严重影响到资源配置和内部市场的良性发展。人员、资本、商品、服务等不受阻碍地流向经济效益最大的地区，加剧了区域的不平衡，也进一步恶化了现有成员国的经济

---

① 1988 年，欧盟将地区发展基金、社会基金、农业指导与保障基金合并为结构基金。

和社会发展水平差异。所以，中东欧国家要想缩小与一些欧盟老成员国的差距，可能需要十几年甚至更长的时间。

经济的巨大差距还导致中东欧的移民大量涌入经济较为发达的老成员国。劳动力的自由流动是欧盟一体化的重要内容，欧盟也在不断推动劳动力的自由流动。根据欧盟现有的关于劳动力流动条款的规定，欧盟的老成员国在理论上应对新成员国开放其劳动市场；西欧国家近些年人口老龄化日趋严重，也需要大量劳动力和人才来补充。来自中东欧国家的大量富有活力的劳动力及高素质的新移民正好能弥补西欧国家劳动力市场的短缺，但东扩后大量移民的出现，还有许多来自白俄罗斯、俄罗斯、乌克兰和巴尔干地区等与新成员国接壤国家的非法移民的涌入，加剧了老成员国失业率高居不下的局面，同时也会对西欧国家福利体系造成过大压力。加之新成员国存在的有组织犯罪、贩卖人口、洗钱、武器和毒品走私、腐败等问题，都会随着移民的涌入而不断扩大、加重，给欧盟带来更多的安全隐患。因此，近些年西欧的反移民和民族歧视情绪不断激化，各国的极右势力也普遍抬头。法国、意大利、比利时、荷兰和奥地利等国的极右政党在国家和地方选举中频频能够得手，其中重要原因之一是它们在政治上仇视和反对移民，迎合了部分选民的心理。面对这种严峻形势，一些老欧盟成员国对新入盟国设置了就业高门槛，在安置新涌入的劳动力就业方面设置了过渡规定。这被新成员国视为歧视条款，而且这种二等公民的待遇也导致了一些中东欧国家的民族主义复活。保加利亚和罗马尼亚的极端民族主义政党甚至公开反对自己的国家加入欧盟。

此外，东扩后由于成员国数量激增，彼此不同的利益难以协调以及成员国间的矛盾摩擦产生的决策效率较低、决策程序较复杂、决策透明度不够等问题更加突出，欧盟的机制运转也将更加吃力。而机构改革涉及到大国小国间的力量平衡以及权利在欧盟中的再次分配，各成员国都想争取一个对本国有利的机制，因而改革难度相当大。以理事会的表决机制改革为例，为提高欧盟今后的决策能力，法、德等欧盟创始国主张理事会的表决要尽量扩大多数表决的范围，而多数表决的方式将采用"双重多数"的办法，即通过决议需要半数以上成员国和65%以上欧盟人口的赞同。但这一主张却遭到西班牙和波兰等一些国家的反对，西、波等国坚持维护尼斯条约规定的"有效多数制"，担心新的表决制会助长大国的主导权。欧洲议会主席约瑟夫·博拉尔曾不无担心地表示："曾经有不少动物种类后来逐渐灭绝，因为一方面它们的躯体在进化中变得越来越大，而另一方面它们的骨骼架构却没有在进化中随躯体变大，最终这些动物被自己的重量压垮，而它们与目前欧盟的发展形式相似。"

　　欧洲一体化的发展是以成员国间的趋同为必要条件。因为只有当成员国间在追求的目标与执行的政策上相互接近或取得一致时，它们才可能结合在一起制定并实施共同的政策。欧盟自成立之日起，经过五次扩大，成员国六国扩大到二十七国。在一体化的几十年发展中，各种危机出现过多次，但欧洲民众和政治精英们以他们的智慧、特别是妥协能力将其一一克服。如果说在东扩前的10多个成员国之间协调、妥协还相对容易些的话，那么在东扩后的数量众多的成员国中进行妥协就要难得多。新成员国相对落后的经济水平、与老成员国过大的经济差距所导致的利益分配与协调问题，成员国数量剧增引起的原有机制效率的降低，成员国间矛盾摩擦增多的问题，因中东欧国家人口大量西移使移入国负担加重、失业人数上升、犯罪率增高、民族矛盾加剧等安全隐患问题，财政预算负担加重问题等等，这些问题的出现既不利于欧洲一体化的发展，也给欧洲一体化既有发展模式带来巨大冲击。欧盟不能按旧有的模式继续发展，只能及时调整、改革其机制，寻求新的"接纳机制"。否则，东扩将对一体化带来严重的负面效果，极大延缓欧盟的发展与进步。

　　成员国间的人均国内生产总值、收入水平、就业水平、经济结构、政治和文化等方面都存在着短时间内难以消除的差距，尤其政治和文化方面差异的消饵可能会比经济水平的趋同花费更多的时间。这些差距的存在，意味着欧盟内部的成员国之间会在很长时期内存在不同的利益和政策，而且各国的既得利益也会同欧盟统一的战略目标存在着很大分歧。所以，任何一项改革措施都会导致成员国间义务与权利的再分配以及主权进一步向联盟出让，这必然广泛触及各国重大利益，引起成员国间对利益的计较。实际上，这也可以看作欧盟整体利益与各成员国利益之间矛盾的表现，它只能通过一体化的加深得到真正解决。由于上述情况，欧洲一体化的发展可能会变得步履艰难，曾力推欧盟东扩的扩大事务委员京特·费尔霍伊根也坦率地承认：东扩接纳的国家太多，扩大的步伐太快，必须重视这次扩大给欧盟带来的负面影响，积极总结和吸取教训。

虽然东扩后遇到了严峻的挑战和压力，欧盟仍然没有停止其扩大的步伐。目前，欧盟有五个入盟候选国，即前南斯拉夫的马其顿、黑山、塞尔维亚和冰岛、土耳其。另外还有三个潜在候选国，即阿尔巴尼亚、波黑和科索沃。欧盟已公开表示了其扩大的决心，但欧盟扩大的态度是审慎的，坚持新入盟国家达到欧盟的入盟标准以保证新入盟国家的质量，保证其具备执行欧盟既有法规的能力以及不会破坏欧盟现有成果，并避免给欧盟机构、财政和整体身份带来消极影响。

七、英国"脱欧"及其影响

2020年1月31日,英国正式"脱欧",结束了47年的欧盟成员国身份。英国选择"脱欧",有着复杂的历史背景和现实因素。进入21世纪,欧洲在美国金融危机的牵连下,爆发主权债务危机。由于金融、贸易、服务业在英国产业中所占比重大,且主要贸易伙伴是美国和欧盟,所以英国损失较大,国内英镑贬值,失业率不断上升,企业生存困难。为了维护欧元区的金融稳定,促进财政货币政策的协调发展,欧盟峰会在2011年底提出修订《里斯本条约》,建立一个永久性的欧元危机处理机制。英国认为统一的财政政策对非欧元区国家是不公平的,会使它们进一步被边缘化。虽然英国强烈反对,欧盟各国仍然于2012年2月签署"财政契约"。这让英国陷入孤立境地,国内的疑欧主义因此迅速发酵。2013年1月,英国首相卡梅伦正式就英国与欧盟关系前景发表讲话。卡梅伦承诺,如果他赢得预定于两年后举行的大选,会在一年内批准所需法律,制定与欧盟关系的新原则,然后就"脱欧"问题举行全民公投,让人民有机会选择继续留在或退出欧盟。卡梅伦称,如果欧盟不采取措施解决核心问题,英国将有可能退出该组织。

此外，移民问题日益严重、恐怖主义不断蔓延，这些矛盾也加深了英国和欧盟之间的隔阂。据英国国家统计局公布的数据显示，2015年英国外来移民的数字高达33.3万，未来每年将有25万的净移民，这些移民60%来自欧盟。而每100位移民进入英国，英国本土居民将损失23个就业岗位。这种状况引发了本地低收入群体和低技能劳动者的强烈不满，他们认为欧盟的自由流动政策加剧了就业竞争，夺走了本该属于他们的就业机会和福利待遇。与此同时，自2015年以来，法国巴黎的恐怖袭击、比利时的爆炸案、德国科隆事件等使得安全问题日益凸显出来，这也导致英国人"脱欧"的意愿愈加强烈。在此背景下，主张"脱欧"的英国独立党的支持率快速上升，他们利用英国国内公众疑欧情绪的蔓延，宣扬英国应该退出欧盟，这对当时的英国政府造成了很大压力。

2015年5月，赢得大选后的卡梅伦积极致力于推动欧盟改革。他将改革的目标概括为四点：竞争力、主权、社会安全和经济治理。关于"竞争力"，欧盟需要制定削减商业总负荷的目标，完成对资本、商品和服务自由流通的承诺；制定一个明确的长期目标促进欧盟核心竞争力和生产力，同时刺激增长率和工作机会的增长。关于"主权"，取消英国参与"更紧密联盟"的义务，加大国家议会在欧盟立法中的权力，可以合作否决某些提议。实现欧盟自主性原则的承诺，欧盟完全尊重司法与内政条款，特别是"维持英国选择性加入的权力"。关于"社会安全"，必须由成员国自己负责。以后有新的国家加入欧盟，必须等到它们的经济能力与现存成员国相近时,再放开自由流动。严格管制自由流动的滥用,例如对诈骗犯和假结婚者实行更严格、更长期的重新进入禁令,强力驱逐罪犯并阻止他们重新进入。进入英国的欧盟公民必须在英国居住和工作超过四年,才有资格享受在职福利和保障性住房,同时停止向海外发放儿童补助。关于"经济治理",欧盟存在不止一种货币,在各国流通货币基础上进行的交易不应存在歧视行为。必须保护统一市场的一体化,非欧元国家不应被强制参与欧元区国家制定的组织,例如银行联盟。就像欧元区央行将金融稳定和监管作为核心能力一样,非欧元区成员国的金融机构如英格兰银行也需要金融稳定和监管的核心能力。影响到所有成员国的问题必须由所有成员国一起讨论决定。同年11月,卡梅伦就英国留在欧盟的条件发表演讲,提出不参与欧盟更紧密的联盟;建立机制保障欧元区之外的国家不受单一市场变化的影响;改变欧盟自由流动政策;下放更多的权力给成员国。他表示,如果这些条件得不到满足,将不排除英国通过公投脱离欧盟的可能性。

为了应对和缓和英国国内不断上升的"脱欧"思潮,将英国留在欧盟,2016年的欧盟峰会就英国提出的欧盟改革方案做出妥协,同意在包括金融管理、公民流动、社会福利、国家主权等方面进行改革。针对英国提出的限制其他欧盟国家移民福利的要求,欧盟同意制定"紧急刹车"条款,即当大批移民对英国社会造成冲击时,允许英国限制欧盟移民在英国的福利,欧盟还同意并承诺将确保其具有法律约束力。尽管如此,卡梅伦政府还是决定举行英国

"脱欧"公投。这一方面是履行之前对选民的"脱欧"公投承诺,但同时卡梅伦也表示,推动公投的目的是向欧盟施压,推进欧盟层面的改革进程,为英国争取更大的自主权和政策空间,同时保留进入单一市场的权力,以便英国能够"全心全意"地留在欧盟。

2016年6月23日,英国民众就是否希望英国留在欧盟进行了投票。最终的计票结果,支持"脱欧"选民票数1741万票,占总投票数51.9%。支持留欧选民票数1612万票,占总数48.1%。对选票进行分析,从整个国家来看,英格兰和威尔士的大部分地区支持"脱欧",苏格兰和北爱尔兰的民众则更多支持留欧。其中的主要影响因素还是经济发展和移民问题。

在英格兰内部一直存在地区差异,这与产业分布有关。南部英格兰尤其是东南部英格兰与大伦敦区是英国最为开放、富庶的地区,商业、金融业、旅游业都很发达,与其他国家经济联系密切,人口分布密集,移民和外来人口也较多,对欧盟的态度更为积极。而英格兰北部以及西南威尔士地区是英国传统工业区,随着传统产业的衰落,地区经济也面临严峻挑战。中部英格兰是过渡地带,像伯明翰、考文垂等城市的经济更加接近北方,发展程度不如东南部。欧盟东扩使更多经济相对不发达国家加入到欧盟,对这些区域的经济造成进一步冲击,尤其随着贫富差距不断拉大,底层生活群众普遍有较大的生存压力。他们对移民和多元文化的恐惧更甚,将自己不利的处境归于欧盟内移民和欧盟本身,认为移民抢走了原本属英国人的就业机会和福利,加剧了当地工作机会、社会保险、住房医疗等资源的紧张程度。因此，当地人对这些外来人口是有较大排斥感，留欧意愿较低。

苏格兰在英国经济总量中占比不大，一直是经济相对比较落后的地区。近些年依靠北海油气田的开发和与欧盟之间的合作，在新增就业和新增企业方面都表现不俗，其中部地区新兴电子产业对外部市场依赖度较高。随着欧洲一体化的深入，近些年日益壮大的苏格兰民族党开始将独立的政治目标与欧盟的发展联系起来，意图脱离英国成为欧盟的一员。所以苏格兰对欧盟的认可程度远高于英国其他地区，更希望英国留在欧盟以保障自己的经济发展。苏格兰政府主席、苏格兰民族党领袖尼古拉·斯特金甚至表示，如果英国最终选择"脱欧"，那么苏格兰可能会通过立法举行关于"脱离英国"的第二次独立公投，争取以独立成员国身份加入欧盟，确保苏格兰的地区利益。北爱尔兰地区经济发展相对落后，工业以造船、纺织为主，所以民众更希望英国能够留在欧盟，以获得更多的市场和经济发展机会。而且，由于北爱和英国长期处于斗争状态，北爱地区的民众对英国的归属感并不是很强烈。在英国宣布"脱欧"公投后，主张建立统一爱尔兰共和国的新芬党表示，如果英国决定退出欧盟，那么他们会立即就北爱和爱尔兰的统一问题进行公投。

不过，回顾英国加入欧洲一体化的历史，可以发现，英国选择退出欧盟还有更深层次的原因。英国加入欧共体后，通过欧洲市场获得了巨大的经济收益，而且也提升了自身的国际地位，避免了边缘化。但作为欧盟的成员国，英国长期以来都是欧洲一体化"三心二意"的旁观者。在参与欧洲一体化的众多国家中，英国与欧洲一体化的关系最为特殊和复杂。首先，在最初形成欧共体的小团体中就没有英国。而自20世纪70年代加入欧共体后，英国又一直秉持着一种矛盾的态度。一方面英国作为欧洲联合运动的支持者，参与并影响了欧洲一体化进程；但另一方面，伴随着欧洲一体化进程的发展，英国又不断表现出对欧洲联合的怀疑和不信任，阻碍着英国同欧洲一体化的关系深入发展，英国也因此成为欧洲一体化进程中"处境尴尬的伙伴"。其实早在1975年，也就是仅仅在加入欧共体不满两年的时间内，英国便因为持续的石油危机进行了一次"脱欧公投"，只不过最终的结果是以66%的投票者选择继续留欧而结束，第一次"脱欧风波"得以化解。

究其缘由，其特殊的地理位置、独特的历史文化传统、对于国家主权的强调以及疑欧主义思潮的存在，使得英国民众普遍缺乏欧洲集体认同。在英欧关系的历史上，英国一直在身份认同上存在"盎格鲁中心主义"。根据欧盟委员会官方民意调查机构——"欧洲晴雨表"发布的调查结果，英国人的欧盟公民身份认同感一直低于欧洲国家的平均水平。2015年发布的调查显示，欧盟二十八国公民的欧洲认同率为60%，但只有34%的英国人具有欧洲认同，在欧盟中排最后一位。缺乏欧洲身份认同感严重影响了英国政府参与欧洲一体化进程，也使民众对于欧洲一体化缺乏足够的了解和参与。英国与欧盟的关系一直是若即若离。此外，英国对欧盟的政治一体化目标也不认同。英国一直支持政府间合作形式的欧洲一体化，反对建设具有超国家性质、以政治一体化为最终目标的欧洲联盟。随着一体化进程的推进，英国认为欧盟的发展方向越来越不符合其国家利益，多次以维护国家主权为由拒绝参与具体政策领域的合作，英国选择不参加合作的政策领域越来越多。所以说，英国从来不是一名完全的成员国，而是欧盟中差异性安排最多的成员。

在经济与货币问题上，英国一向视货币发行权为国家核心主权，因此反对将货币主权让渡到共同体，反对建立单一货币。因此，在1991年底召开的马斯特里赫特首脑会议上，英国被赋予特殊例外权利，即有权自行选择是否参加经济与货币联盟的第三阶段，并保留其随时申请加入的权利。但直至今日，英国仍旧独立于欧元区之外，拥有自己的货币政策和财政政策。英国人认为，英镑是他们长久以来的经济骄傲，一旦加入欧元区，英镑就退出了世界舞台，就等同于放弃了传统的经济优势，经济就会被欧盟其他国家所影响，政府也将会失去使用货币政策调节本国经济的功能。除此之外，英国还担心如果欧洲央行制定的统一利率不适合自己，英国因此也将受到很大的冲击。相反，英国不加入欧元区，可以独立发行使用英镑。独立自主的财政货币政策也让英国在国际贸易，特别是出口中保持传统优势和强劲竞争力。欧债危机之后，欧元区国家通过签署《欧元附加条约》、《财政契约》、建立"单一清算基金"等加强了深化合作，相关举措也对非欧元区成员国开放。但英国政府多次表示欧元区的问题应该由欧元区成员国自己解决，强调非欧元区成员国有权不参加合作，相关合作不能损害英国的利益。在自由、安全与司法政策方面，英国通过协商也获得不参加合作的特殊例外安排。

《阿姆斯特丹条约》的附加议定书允许英国在边境管制和涉及内政、司法的共同政策方面享有例外权。英国不参加申根合作，继续保留与其他申根协定国的内部边境检查。不采用申根协定下共同的对外签证政策，仍然沿用自己国家的签证要求。在移民与避难政策上不受申根协定的约束。但允许英国选择参加申根协定的部分条款。①

还有预算制度的矛盾。欧共体实行的预算制度是"自有财源"，来源包括对非成员国工业品征收的进口税、对欧共体以外国家的农产品征收的进口差价税及对成员国商品征收的产品增值税提成三项。自有财源的三项内容显然于英国不利。众所周知，英国作为曾经最大的殖民帝国有着广阔的全球贸易，加入欧共体后依然同英联邦国家保持着紧密的经济关系，其海外贸易多于其他成员国，上缴的税额必然要多；这也就意味着其在共同体预算经费来源上承担很大份额。共同体的预算支出主要体现在农业基金、地区基金等方面，其中农业基金占预算支出的比例最大。英国是一个传统的工业国，农业在国民经济结构中所占比重很小，以农业为主要收入来源的劳动力比例不足5%，所以，英国在农业基金的保证和指导部分都没有太多收益。而英国在农业支出上得不到太多利益，也就意味着它在共同体的预算支出上不会占多少份额。虽然英国是从地区基金中获益较多国家，但因地区基金在预算支出中所占比重很小，它所得利益就极其有限。所以，按照欧盟的共同农业政策和预算政策的相关规定，英国必然处于高摊款

---

① 陈洁：《从英国脱欧看欧盟差异性一体化》，《国际论坛》，2016年第11期。

低收益的境地。自加入共同体以来，英国每年上交税款占共同体预算总额的22%，所得各项补贴只占预算的13%，是仅次于联邦德国的净交款国，但英国的人均国民收入在共同体中仅居第六位。因此，它认为负担不公平。经过5年之久的艰苦谈判，才在1984年的枫丹白露首脑会议上做出了新的安排：每年在英国上交税款和所得补贴之间的差额中给予66%的回扣；与此同时，英国同意增加共同体的财政收入，1986年1月起把增值税率从现在的1%提高到1.4%，以适应西班牙、葡萄牙加入共同体后费用增长的需要。即便如此，英国预算回扣并没有持久地解决。据国际货币基金组织关于英国与欧盟的报告数据，英国2014年对欧盟预算净捐款为70亿欧元，是欧盟第三大贡献国（仅次于德国和法国）。但是承担了很高比例的预算额度，却没有得到相应等量的补贴。2014年英国从欧盟获得的收入仅相当于比利时或希腊，远低于德国、法国、意大利、西班牙和波兰等国家。英国对此颇为不满，一直觉得通过共同市场获得的隐性利益难以抵消预算收支这一显性利益上的损失。

在难民问题上英国与欧盟也存在着尖锐的矛盾。欧洲因地理位置优越、交通便利以及国家的经济发展水平较高等原因，成为中东地区难民的首选避难地。越来越多的中东难民冒险通过地中海偷渡到难民政策宽松、安置条件优越的欧洲，寻求"更好的生活"。尤其2015年[①]以来，随着叙利亚、伊拉克内战局势的严峻和极端组织"伊斯兰

---

① 欧洲难民危机的集中爆发期在2015年4月之后，9—10月达到最高峰。

国"的崛起，一系列政治动荡引发的难民潮以及叙利亚周边国家难民收容量的饱和溢出，欧洲遭遇了战后以来最大规模的难民潮。成群结队的难民开始涌向欧洲，根据联合国估计，约有上百万之多。规模庞大的难民总数着实让整个欧洲"消化不良"，欧盟及其各国在分歧争吵中积极寻求解决难民危机的途径，其中最主要的一项就是2015年9月通过的"分摊难民配额计划"。约16万外来难民将由欧盟各成员国分摊，其中德国、法国、西班牙身上的担子是最重的，而剩余的23个成员国当中包括小国卢森堡都会被分摊。各国的移民政策是经济比较优势的体现，需要什么样的人，能够给这些人提供什么样的工作，跟一个国家的人口结构、生产力结构、产业结构都是相关联的。德国以制造业为主，还能提供一些就业机会，也需要劳动力。而英国是高技术、高附加值的经济体，需要的是高技术人才，它不需要这些难民，这些人到英国也找不到什么工作机会。所以，面对此次难民危机，英国接纳的态度较为消极。站在自己的立场上，英国首相卡梅伦不赞成难民配额制，而强调由各国政府自愿确定，并直接拒绝了欧盟提出的难民分摊计划建议。在难民的救助安置问题上，英国更愿意通过资助第三方国家接收难民，在非接受不可的情况下也只愿意接收叙利亚籍难民，不希望接纳从欧洲大陆过来的所谓"乱七八糟"的人。有媒体称，欧洲难民问题是"逼"英国"脱欧"的一个不可忽略的因素。

总之，从否决欧元、不加入《申根协定》，到后来的不参与欧盟的危机救助方案、反对一切金融监管政策，甚至坚决反对欧洲一体化的政治深化，英国"脱欧"可以说有其必然性。公投结果生效后，按照欧盟法律规定，英国政府需要遵照《里斯本条约》规定的退出原则启动"脱欧"流程。2009年底正式生效的《里斯本条约》首次为退出欧盟提供了法律意义上的条约基础：任何成员国都可以在符合本国宪法要求的情况下决定退出欧盟；决定退出欧盟的成员国应通知欧盟理事会，根据欧盟理事会提供的指导方针，联盟应与该成员国谈判并达成协议，启动退欧程序，并考虑该国与联盟的未来外交关系。协议必须依据《欧盟运行条约》第218条第3款的规定展开讨论，由理事会决定谈判代表并获得欧洲议会批准。如果申请退出欧盟国家与联盟未能达成协议，从申请国通知欧盟时起两年后，条约对"脱欧"方停止适用，但这一期限可因双方一致同意而延长。

英国政府内部，对于如何脱离欧盟也存在着不同意见，主要可以分为"硬脱欧"和"软脱欧"两种。"硬脱欧"指的是完全切断与欧盟的关系，彻底脱离欧洲单一市场，重新与欧盟通过谈判建立各种关系，包括在世界贸易组织的规则下建立贸易关系。这一方式的好处是在脱离欧盟经济单一市场后，英国可以自由地和世界上具有成熟市场的发达国家或组织签订自由贸易协定，如美国或金砖五国等新兴经济体。这些国家或组织有着相当强大的发展潜力和广阔的市场前景，如果与这些国家和国际组织开始自由贸易谈判并达成协议，不仅可以弥补"硬脱欧"对英国经济造成的影响和伤害，还有与最具活力的经济体或国家形成经济协同发展的可能性。"硬脱欧"最大的不利是使英国失去单一市场资格和市场能够带来的区域内特权。英国前十大贸易伙伴中有七个是欧盟成员,如果"硬脱欧",其汽车制造业和相关产业,如运输和储存,受到的冲击最大。此外,"硬脱欧"将导致欧盟预算大幅削弱,进而影响到苏格兰、威尔士和北爱尔兰地区由欧盟支持发展的项目。"软脱欧"指的是英国保留欧盟单一市场成员资格,继续享受零关税带来的好处。但英国付出的代价是必须放弃对欧盟公民的边境控制,允许欧盟公民在英国境内自由流动。

2017年1月17日,英国首相特雷莎·梅宣布"脱欧"方案时明确表示,英国不会留在欧洲共同市场,但会寻求与欧盟签订自由贸易协议。特雷莎·梅明确了英国与欧盟"脱欧"谈判的12个重点目标,同时强调英国不会在移民问题上妥协,英国必须重新拿回对边界的控制权,控制进入英国的欧洲移民人数,但她同时强调英国将欢迎欧洲公民。她称,英国更不会"抓住欧盟成员国的部分资格不放",即所谓"半留、半退","如果英国不离开共同市场,就不能算真正'脱欧'"。这意味着英国将寻求"硬脱欧",完全退出欧洲关税同盟。排除了此前部分英国政客支持的"软脱欧",即以放弃部分边界主权、有条件允许欧盟移民入境为代价而留在欧洲共同市场的方案。在宣布"脱欧"方案的同时,特雷莎·梅勾画了英国未来的发展前景:英国将致力于打造一个"真正全球性的英国",不仅与欧盟这个"邻居与最好的朋友"打交道,也与欧洲以外的国家加强联系,"脱欧"后的英国将与欧盟建立一种"新的平等关系"。她相信,"'脱欧'不会让英国成为一个内向型的国家",相反,英国将成为一个"更强大、更公平、更团结，以及更加外向型"的国家。2017年3月16日，英国女王伊丽莎白二世批准"脱欧"法案，授权特雷莎·梅正式启动"脱欧"程序。3月29日，英国首相特蕾莎·梅致函欧盟开始启动"脱欧"程序，英国的"脱欧"之路正式开始。根据英国与欧盟的协议，英国应在2019年3月29日正式"脱欧"。

英欧之间的谈判也是一场博弈。英国想要"脱欧"谈判和欧盟自由贸易谈判平行展开以降低风险，而欧盟则希望先进行"脱欧"磋商再讨论与英国关系的后续发展，以此降低英国"脱欧"带来的不确定性，同时也避免英国利用其还未退欧的影响力来影响欧盟内部决策和提高要价。尽管《里斯本条约》第50条清楚地提供了退出欧盟的方法，但在此之前，这一条款从没有在实际中被应用过，所以具体的执行框架并非十分清晰。英国与欧盟的"脱欧"谈判窗口期为两年，在非常有限的时间内双方要达成经济目标、公民权益、国际关系、司法管理等方方面面的"分手条约"，而且这些都是无先例可依、无程序可循的。可以肯定，这场谈判注定会成为牵动各方利益、极其复杂的谈判。

在谈判过程中双方关注的焦点也是谈判的难点问题。一是英国"脱欧"所需要支付的费用，可能包括英国前欧盟工作人员的退休福利费用、欧盟在英国境内的组织机构搬迁费用以及英国过去对于欧盟承诺的财政部分等相关内容。这是谈判进程中最为棘手且进展特别缓慢的议题。据估计，英国与欧盟的"分手费"或达到数百亿欧元。欧盟希望英国能够就"脱欧"费用问题提出明确的金额和立场，但英国只是原则上同意脱离欧盟之后向欧盟支付相关费用。二是英国"脱欧"之后英国境内的欧盟公民权利问题。欧盟希望英国"脱欧"后能够允许居住在英国境内的数百万欧盟公民，自由地前往欧盟国家并自由地返回英国，同时保留这些在英国境内的欧盟成员国公民的各项社会福利内容，包括医疗保健、社会福利、教育住房等各方面。否则欧盟无法给予居住在欧盟其他成员国的英国公民以对等的权利。对于公民监管权这一问题，欧盟坚持承认欧洲法院是唯一的审判机构，而英国反对欧盟插手"脱欧"后的英国事务，建议双方设立一个独立的委员会来协调解决争端和矛盾。此外，对于"英国—欧盟的陆上边界"，即英国北爱尔兰与爱尔兰边界安排问题，英国与欧盟也存在巨大的分歧。英国退出欧盟后，北爱尔兰与爱尔兰共和国间的边界是英国与欧盟唯一的陆上边界，因此，爱尔兰的边境管理以及北爱尔兰能否继续进入欧洲单一市场等问题，都需要在谈判中重新调整。

2018年11月，英国政府与欧盟达成"脱欧"协议草案。但英国议员强烈反对该"脱欧"协议，英国下议院连续四次否决了该协议。英国的"脱欧"进程陷入僵局。原定2019年3月29日的"脱欧"期限推迟至10月31日。特雷莎·梅也最终辞职下台。英国的情况表明，在英国是否要离开欧盟，若离开要以怎样的方式离开等问题上，内部还存在着诸多分歧。继任者必须让各方"妥协"，寻求一个都可以接受的"脱欧"方案，而"脱欧"期限的推迟，为英国内部就"脱欧"问题达成一致提供了更多的时间和灵活性。2019年7月24日，英国保守党新党首鲍里斯·约翰逊正式就任英国首相。他强调，英国一定会在10月31日的期限前完成"脱欧"，相信英国能与欧盟达成一份新的、更好的"脱欧"协议。10月17日，欧盟委员会主席容克与英国首相约翰逊宣布欧盟与英国达成新的"脱欧"协议。但由于英国议会决定推迟对新"脱欧"协议进行表决，约翰逊被迫致信欧盟寻求将英国"脱欧"日期再次延至2020年1月31日。

2020年1月9日，英国下议院以330票赞成、231票反对的投票结果通过"脱欧"法案。22日，英国议会上院通过"脱欧"协议相关法案，标志着英国完成了"脱欧"前的所有法律准备。23日，英国女王伊丽莎白二世签署批准了英国议会此前通过的"脱欧"协议相关法案。24日，欧洲理事会、欧盟委员会主席签署英国"脱欧"协议。29日，欧洲议会全会以621票赞成、49票否定、13票弃权的投票结果通过英国"脱欧"协议。30日，欧盟正式批准了英国"脱欧"。此后进入为期11个月的过渡期（2020年12月31日结束）。在此期间，英国与欧盟将就全面贸易关系进行谈判并最终达成协议。否则过渡期结束英国将面临"硬脱欧"风险。

作为欧盟最重要的成员国之一，英国的退出必然会在政治、经济、外交和社会等领域影响到欧盟，给欧盟的未来带来很大的不确定性。首先，英国在欧盟经济中占据重要地位。作为欧盟的第二大经济体，英国国内生产总值和对外贸易都排在欧盟国家仅次于德国的第二位。其国内生产总值占欧盟17%左右，英国"脱欧"后无疑会大大削弱欧盟的综合经济实力，失去英国的欧盟经济规模将大幅缩水，从全球第一大经济体退居到第二大经济体，并且与第一大经济体美国之间的差距会增大。据测算，英国"脱欧"将使欧盟占全球GDP比重从17%下降至14.6%（按购买力平价计算），并使欧盟贸易出口占比从33.9%下滑至30.3%（按当前汇率和价格计算）。欧盟对全球经济秩序影响的广度和深度也会受到削弱。

除了在欧盟经济总量中的比重比较大，英国还属于欧盟成员国中经济增长比较好的国家之一。一直以来，经济增长率高于欧盟平均水平，是欧盟经济增长的主要贡献者之一。进入21世纪以来，英国的经济增长表现在大多数时候要好于法国，也好于德国。英国"脱欧"会使欧盟失去英国经济的带动作用，而且"脱欧"后的一段时期，欧盟与英国关系不确定也对欧盟经济增长有很大的消极影响。而且英国还在欧盟财政中占有重要地位，是欧盟预算摊派的主力国之一。2015年英国上交欧盟的会费扣除返还资金达到129亿英镑，在欧盟财政净贡献国中排名第四。而就总值来说，英国是居于德国之后对欧盟上交资金第二多的欧盟国家。英国"脱欧"留下的财政资金缺口势必需要其他成员国承担，这会恶化其他成员国本已不堪重负的财政状况，甚至可能引发新一轮债务危机。

英国伦敦的世界金融中心地位，一直为欧盟企业提供大量的金融投资服务。欧盟有超过一半的跨国公司常驻英国，欧元交易的绝大部分也是在英国进行的。爱尔兰、比利时和荷兰等欧盟成员国对英国的投资和贸易量均很大，这些国家对英国金融业的依附性极强。英国退出欧盟，会造成伦敦金融市场与欧洲的分离，限制欧洲银行的业务能力并加重其已经存在的系统风险，同时也会打击投资者对欧盟的信心，提高欧盟成员国的融资成本，影响到债务国的融资能力，加大主权债务违约的风险。而英国也是欧盟内的金融改革政策推动者，英国"脱欧"将中断欧盟努力推行的欧元国际化，最终削弱欧盟在全球金融行业的话语权。

英国"脱欧"也会削弱欧盟的政治影响力。英国是联合国安理会常任理事国之一，与美国保持特殊关系的北大西洋公约组织成员，拥有重要的国际地位和影响力。失去了英国的欧盟，在全球的政治分量将受到削弱，国际地位和影响力也必然下降。这会严重制约欧盟在国际贸易、气候变化、发展援助等国际事务方面发挥作用。英国脱欧还会影响到欧盟与美俄等大国的关系。在对美关系方面，英国奉行大西洋主义，是美国最坚定的欧洲盟友，一直以来都在跨大西洋联盟中扮演美国与欧盟之间协调者的角色。"脱欧"使得英国"润滑剂"的作用降低，可能会加剧美国与欧盟关系的紧张。不过在对俄关系方面，英国一直是欧盟成员国中对俄罗斯最为强硬的国家，英国的"脱欧"将会使欧盟内强硬派声音减弱，温和派影响上升，欧盟与俄罗斯关系存在缓和的可能。地区层面，英国是欧盟成员国中国防开支最多的国家，并且是欧盟成员国中仅有的两个拥有核武器的国家之一，拥有大规模海外军事投送能力，在欧洲防务一体化进程中扮演重要角色。它多次参与欧盟的军事行动，承担数个欧盟在非洲地区的维和与训练任务，为维护地区安全发挥着重要作用。英国脱离欧盟，无疑使欧盟失去了一个军事强国成员，欧盟整体防务能力将大幅下降。

从欧盟内部权力结构来看，英国作为欧盟最重要的"三驾马车"之一，与德国和法国形成三足鼎立的态势，这样的关系一定程度上起到了稳定欧盟内部关系、牵制各方力量的作用。然而英国脱离欧盟使原有的稳定局面被打破，欧盟内部各国经济实力发展的不平衡现象会更加突出，德国经济实力的优势会更加明显，德国在欧盟的领导核心地位将得到强化，德国和法国对于欧盟的领导权之争将不可避免。而意大利、比利时等国虽为创始国，但因国力有限，只能停留在"外围成员"行列；非欧元区国家也因英国"脱欧"，其国内生产总值占欧元区的比重将从40%下降到16%，对欧盟政策影响大大降低，将成为远离欧盟核心的边缘国家。

英国"脱欧"对欧盟的政治机制也是一次严重的冲击。欧盟曾被公认为是世界上最成功的政治经济一体化组织，但近年来在应对欧债危机、乌克兰危机、难民危机和恐怖主义威胁等方面所显现的局限，已经使外界对欧盟在应对国际问题方面的能力产生质疑。英国"脱欧"公投事件实际上暴露出欧洲认同的缺失。但欧洲集体认同的不足不仅仅发生在英国。在债务危机、难民危机、恐怖袭击困扰欧盟的背景下，法国、丹麦、瑞典等国的极右政党都迅速崛起，主张限制移民、恢复内部边境控制。由于极右政党的煽动，欧盟范围内民族主义和疑欧情绪逐渐上升，反对欧洲一体化的呼声渐强。而在民族认同增强的同时，欧洲认同进一步受到削弱。从公民倾向方面分析，除英国外，意大利等国的"脱欧"势力在本国也都占有较大比重，甚至作为欧盟核心国家的法国，其国内主张"脱欧"的公民比例也已达到40%左右。而英国"脱欧"无疑会加剧当前欧盟的信任危机，削弱欧盟内部的政治凝聚力，甚至可能出现欧盟其他成员国效仿英国公投"脱欧"的举动，在欧盟内形成"多米诺骨牌"效应，刺激新的国家退欧。这对欧盟内部的稳定性带来了极大的消极影响。

不过换个角度来看，英国"脱欧"也有促进政治一体化进程的可能。此次英国"脱欧"引发了欧盟对自身的反思。欧盟内部的建制派认为，欧洲的一体化必须克服"脱欧"危机，必须继续推进改革，重视公民对一体化的态度，寻找方法解决因一体化扩大或深化而导致的地区间、国家间发展不平衡的问题，解决一体化受益群体与失意群体之间的利益冲突，加强成员国内部协调。当前欧盟依旧存在制度建设滞后、东西欧成员国差距明显、财政政策不统一等问题，这些都导致了欧盟无力应对欧债危机和难民危机等重大挑战。2016年9月的欧盟首脑非正式会议上，27个成员国发表联合声明，要坚决维护欧盟的团结。在2017年3月英国"脱欧"公投后的欧盟罗马峰会上，欧盟首脑接连发声。欧洲理事会主席图斯克特别提到："我们虽然无法连夜找到解决所有欧盟现存问题的办法，但是我们需要不断工作找到共同的目标。这样，我们就可以在未来几个月的时间里重新找回政治团结。"欧盟委员会主席容克也声明要维护"大欧洲"，寻求各成员国的团结。他强调，27个成员国坚信欧洲的未来掌握在自己手中，将会推动欧盟不同层面的合作与互动，"团结为了欧盟更好的明天"。最终通过的《罗马宣言》宣称，在前所未有的挑战面前，欧盟"将打造一个安全、繁荣、充满竞争力、可持续、对社会负责的欧盟，愿意并有能力在全球事务和塑造全球化进程中发挥关键作用"。所以，英国"脱欧"也给欧盟敲响了警钟，会促使欧盟加快机制改革。在这个意义上，英国"脱欧"对欧盟的一体化来说也是机遇。

从英国对欧盟的作用角度分析，英国加入欧共体后，主权问题与国家的利益分歧一直影响着英欧关系，英国始终对欧盟持有一种若即若离的态度。而且，英国一直坚持淡化欧盟的超国家色彩，反对"欧洲联邦"的建设目标，多次阻止欧盟推进政治一体化进程。英国脱离欧盟，法德轴心在欧盟事务中的作用将会更加凸显，特别是在欧盟改革的问题上，在一定程度上降低了反对声音，使得欧盟其他成员国继续推进欧洲一体化可以免受"半心半意"伙伴的阻碍，积极推行之前英国一直不同意的改革方案，加快欧盟内部的改革步伐。所以说，英国"脱欧"后，欧盟失去了最大的反对者，可以进行最大力度的改革。欧盟委员会主席容克强调"英国'脱欧'不会阻碍欧盟迈向未来"。《欧洲未来白皮书》中提出了欧盟未来发展的五种选项，包括维持现状、仅是单一市场、成员国依意愿联合行动、管得较少但更有效率、一起做更多的事。第一个选项是"维持现状"，这意味着欧盟将继续关注于自身的积极改革议程。第二个选项是"仅是单一市场"，这意味着欧盟逐渐重新关注单一市场。第三个选项是"成员国依意愿联合行动"，这意味着"多速欧洲"。第四个选项是"管得较少但更有效率"，这意味着欧盟二十七国在减少关注领域的同时，集中精力处理优先领域的问题。第五个选项是"一起做更多的事",这意味着成员国愿意分享权力,在所有的领域比以前走得更远。

综上所述,受多重危机的冲击和英国"脱欧"事件影响,欧洲一体化在短期之内很难取得实质性进展。欧盟面临的种种挑战和深层问题将迫使欧洲一体化建设放慢脚步,延缓对东欧、南欧地区的经济整合。但从中长期看,欧洲一体化进程发生根本逆转的可能性不大,一体化将继续向前缓慢推进。欧洲一体化的建设过程就是不断面临各种挑战和危机的过程,也是通过谈判、妥协以及制度创新克服危机的过程。通过一体化建设促进经济稳定发展、维护欧洲集体安全、增强在国际事务中的发言权和影响力,仍然是欧盟各成员国的共同利益所在。欧盟在政策反思和调整期后将沿着一体化的道路继续前进。

图书在版编目（CIP）数据

欧洲一体化史/陈会颖著 . —北京：时事出版社，2020.12
ISBN 978-7-5195-0374-1

Ⅰ.①欧… Ⅱ.①陈… Ⅲ.①欧洲一体化—研究 Ⅳ.①D850.2

中国版本图书馆 CIP 数据核字（2020）第 204427 号

出 版 发 行：时事出版社
地　　　　址：北京市海淀区万寿寺甲 2 号
邮　　　　编：100081
发 行 热 线：（010）88547590　88547591
读 者 服 务 部：（010）88547595
传　　　　真：（010）88547592
电 子 邮 箱：shishichubanshe@ sina. com
网　　　　址：www. shishishe. com
印　　　　刷：北京朝阳印刷厂有限责任公司

开本：787×1092　1/16　印张：12　字数：150 千字
2020 年 12 月第 1 版　2020 年 12 月第 1 次印刷
定价：70.00 元

（如有印装质量问题，请与本社发行部联系调换）